Matt Galan Abend

Räum dein Leben auf!

100 % mehr Lebensfreude

Zeichnungen von Anette Kramer

vianova
Verlag Via Nova

2. Auflage 2007

Verlag Via Nova, Alte Landstraße 12, 36100 Petersberg
Telefon: (0661) 62973
Fax: (0661) 9 67 95 60
E-Mail: info@verlag-vianova.de
Internet:
www.verlag-vianova.de

Umschlaggestaltung:
Stefan Hilden Produkt- & Grafik Design, München
Satz: typo-service kliem, 97647 Neustädtles
Druck und Verarbeitung: Fuldaer Verlagsanstalt, 36037 Fulda

ISBN 978-3-86616-060-6

Inhalt

Noch einmal fünfzehn Prozent mehr Lebensfreude

Wenn wir die Bewunderung und Anerkennung der ganzen Welt gefunden haben und hoffen, deshalb glücklich zu sein, sind wir Narren.
Wenn die ganze Welt uns belächelt und für einen komischen Vogel hält und wir uns dabei sauwohl fühlen, sind wir Weise.

Was jemand über uns sagt oder über uns denkt, sagt nichts über uns, es sagt ausschließlich etwas über den aus, der dies so sagt oder denkt.
Es zeigt dessen subjektive Sicht der Dinge.
Seien und bleiben wir, wie wir sind. Wir haben das Recht dazu. Ist etwas zu ändern, arbeiten „wir" daran, aber wir lassen nicht daran arbeiten.
Magst du mich? – Schön!
Magst du mich nicht? – Ebenso schön!
Seien und bleiben wir unabhängig vom Außen. 89

Die Quelle weiterer zehn Prozent mehr Lebensfreude

Wer sich ständig Sorgen um seine Gesundheit macht, zieht Krankheit geradezu an.

Angst zieht immer das an, wovor wir Angst haben.
Leben wir mit Freude in der Fülle der Schöpfung und tun wir uns nichts an, was uns nicht gut tut, dann leben wir gesund. Ärzte leben davon, dass wir krank sind, sie leben nicht davon, dass wir gesund sind.
Nutzen wir das Angebot der Heilberufe als eine Dienstleistung, die wir in Anspruch nehmen können, aber liefern wir uns ihnen nicht aus. Wir allein sind für unsere Gesundheit verantwortlich. 101

Einführende Gedanken

Außer dem Menschen
gibt es kein Lebewesen auf dieser Erde,
das sich selbst etwas antut,
was ihm nicht gut tut.

Selbst der dümmste Regenwurm ist in diesem Sinne schlauer als der Mensch, der doch gemeinhin als die „Krone der Schöpfung“ gilt.

Wenn wir uns in der gesamten Tierwelt umsehen, werden wir nicht ein einziges Tier entdecken, das gegen sein eigenes Wohlbefinden handelt. Ein Tier tut nichts, was ihm nicht gut tut. Weder frisst es zu viel, noch säuft es zu viel, weder wacht es, wenn es eigentlich schlafen sollte, noch begibt es sich in Gesellschaft von Tieren, die ihm nicht gut tun usw. usw.

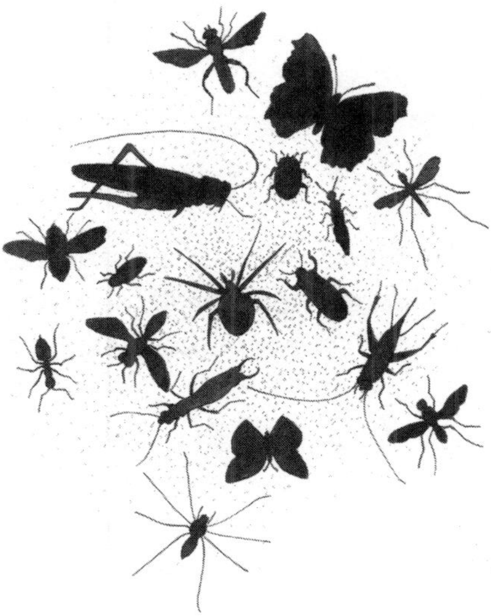

Wir können uns ebenso in der gesamten Pflanzenwelt umsehen, und auch hier werden wir kein einziges Lebewesen entdecken, das gegen seine Lebensinteressen handelt. Braucht eine Pflanze Sonne, wendet sie ihre Blätter dem Licht zu, braucht sie Schatten, wendet sie sich von der Sonne ab und treibt sogar ihre Wurzeln in kühlere Bereiche, um dort neu auszutreiben. Sie siedelt sozusagen um, wobei wir diese Mobilität doch eigentlich mehr dem Menschen zugeordnet hätten.

Nun ist aber doch auch der Mensch ein Teil der Natur. Zumindest hat er sich gleichzeitig mit der ihn umgebenden Natur entwickelt, ist sozusagen in und mit ihr aufgewachsen. Er ist keineswegs als Fremdkörper von einem fremden Stern importiert worden, wo möglicherweise ganz andere Regeln herrschten. Der Mensch war und ist Bestandteil dieser Schöpfung Erde – zumindest in seiner körperlichen Existenz –, und trotzdem verhält sich der Mensch so ganz anders als der Rest der Schöpfung. Warum?

„Ganz einfach", könnte man geneigt sein zu sagen: Der Mensch ist nun einmal weder mit einem Tier noch mit einer Pflanze vergleichbar, und dies ist natürlich absolut richtig. Es ist allein die menschliche Existenz, die – im Gegenteil zu Tieren und Pflanzen – zwei gänzlich verschiedene Ebenen umfasst, und damit entzieht sie sich jedem Vergleich.

Die Existenz des Menschen umfasst seine „un"-begrenzte, geistige Ebene und seine „be"-grenzte, körperliche Ebene.

Der Mensch ist sozusagen zweipolig, während Tiere und Pflanzen einpolig sind, wenngleich auch – zumindest im Tierbereich – von vielen Forschern so etwas wie eine Gruppenseele unterstellt wird, die aber nicht wie beim Menschen einem einzelnen Individuum, sondern einer ganzen Tierart zugeordnet wird.

Natürlich zeigen Tiere und auch Pflanzen so etwas wie Gefühle. Aber solche Gefühle dürfen wir keinesfalls mit der unbegrenzten geistigen Ebene des Menschen verwechseln, von der ich hier rede. Gefühle haben nicht immer etwas mit unbegrenztem Geist zu tun, aber sie können damit zu tun haben. Gefühle sind nichts Eigenständiges.

Gefühle sind Reaktionen auf etwas,
das sowohl auf der
„un"-begrenzten, geistigen
wie auch auf der
„be"-grenzten, körperlichen
Ebene seinen Ursprung haben kann.

Das Gefühl des völligen Eingebundenseins in die Natur und auch des Einsseins mit Gott und seiner Schöpfung, das uns z. B. durchströmen kann, wenn wir in innerer und äußerer Ruhe von einem Berggipfel aus die untergehende Sonne beobachten, wenn wir in den vollkommenen Frieden und die vollkommene Harmonie der Schöpfung eintauchen und all unsere kleinen menschlichen Probleme zu einem Nichts zusammenschrumpfen, entsteht auf der rein geistigen Ebene.

Der Körper kann durch seinen Verstand höchstens störend eingreifen, indem er uns signalisiert, dass wir nun aufstehen müssen, wenn wir noch vor Dunkelheit wieder im Tal sein wollen und noch etwas zu essen haben möchten, um unseren deutlich spürbaren Hunger zu stillen, und kühl wird es ja auch allmählich. Die körperliche Ebene holt uns im wahrsten Sinne des Wortes von unserem Gipfel wieder herunter.

Das Wohlgefühl, das uns durchströmt, nachdem wir unseren Hunger gestillt haben und in einer gemütlichen Wirtsstube noch ein Glas Wein genießen, entspringt dann wieder der rein körperlichen Ebene.

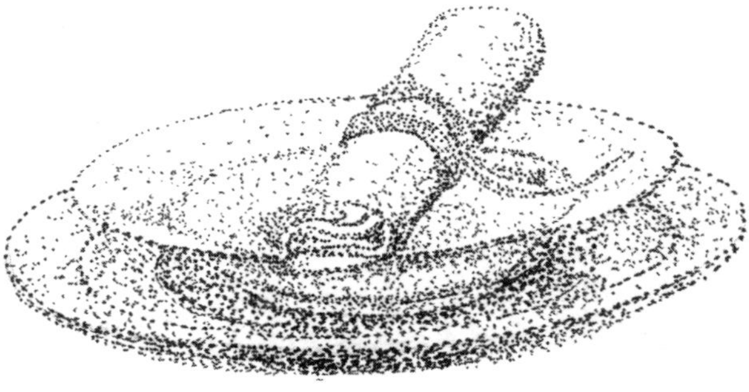

In beiden Fällen ist es Wohlgefühl, das uns durchströmt, wenn auch die Tiefe des Gefühls und die auslösenden Ebenen völlig unterschiedlicher Natur sind. Das, was wir bei Tieren und Pflanzen als Äußerung des Wohlgefühls beobachten, entspringt ausschließlich ihrer materiellen Existenz. Tieren fehlt die unbegrenzte, geistige Ebene. Sie sind einpolig, wie ich es genannt habe.

Die geistige Ebene des Menschen ist völlig unabhängig von der Existenz seines Körpers. Sie existiert bereits vor der Zeugung eines menschlichen Körpers und bleibt auch nach dem Tod des menschlichen Körpers existent.

Im Christentum sprechen wir von der „unsterblichen Seele des Menschen", wobei diese Formulierung nicht ganz korrekt ist. Das Begrenzte (der Mensch) kann nicht das Unbegrenzte (die Seele) besitzen, es kann nur umgekehrt sein. Also: Die Seele besitzt den Menschen und nicht umgekehrt der Mensch die Seele. Aber gehen wir weiter in unserer Betrachtung.

Gefühlsreaktionen laufen beim Tier wie auch beim Menschen in erster Linie über das Stammhirn ab, das man auch sehr treffend als das „emotionale Gehirn" bezeichnet. Dieses Stammhirn liegt unmittelbar am oberen Ende der Wirbelsäule und ist nicht nur für unsere emotionalen Reaktionen verantwortlich, sondern gleichzeitig auch Steuerungszentrale unseres autonomen Nervensystems, das alle unbewusst ablaufenden Vorgänge wie Verdauung, Körpertemperatur,

Atmung usw. abwickelt. Beide Funktionen der Stammhirnregion sind eng miteinander verknüpft.

So ist es zu erklären, dass es einem Menschen und auch einem Tier körperlich immer dann besonders gut geht, wenn es ihm auch emotional besonders gut geht. Sogar Zimmerpflanzen reagieren in ähnlicher Weise, wobei sie natürlich über kein Stammhirn verfügen. Hier sind die zu beobachtenden Reaktionen ausschließlich auf der Ebene der Übertragung energetischer Schwingungen angesiedelt.

Aufbau und Funktion unseres Stammhirns unterscheidet sich in keiner Weise vom Stammhirn eines Menschenaffen. Auf dieser Ebene haben wir noch keinen Vorsprung vor einem Affen. Lediglich das Großhirn oder die Großhirnrinde, die sich beim Menschen völlig anders als beim Affen entwickelt hat, macht den entscheidenden Unterschied.

Der Mensch besitzt im linken Lappen seines ausgeprägten Großhirns so etwas wie einen Verstand, während die rechte Hirnhälfte mehr für Kreativität und Intuition zuständig ist. Vor allem dieser Verstand unterscheidet den Menschen von allen anderen Lebewesen, obwohl man manchmal am Vorhandensein eines solchen Verstandes durchaus zweifeln kann.

Als einziges irdisches Lebewesen kann der Mensch denken und dabei z. B. Heute und Morgen unterscheiden.

Er kann aus der Vergangenheit lernen und sich für die Zukunft ganz bewusst etwas vornehmen. Er kann – fernab vom augenblicklichen Geschehen – abstrakt denken. Dies liegt weit über dem, was man als Instinkt bezeichnen könnte, der im Verhalten eines Tieres zu beobachten ist.

Der Mensch hat also die Fähigkeit, zeitübergreifend zu denken und zu handeln, was nicht ausschließt, dass er diese Fähigkeit zeitweise ungenutzt lässt und doch nur rein instinktiv oder auch intuitiv handelt. Wobei instinktiv und intuitiv wiederum Ausdruck der beiden unterschiedlichen Ebenen des Menschen sind.

Instinktives Verhalten wird vom Stammhirn ausgelöst, eine Intuition hingegen stammt in der Regel aus der unbegrenzten geistigen Ebene und erreicht dann die rechte Hirnhälfte. Beiden Abläufen gemein ist, dass die analytische Ebene des Verstandes zunächst ausgeschaltet bleibt und sich meist erst später mit allen Zweifeln und Bedenken zu Wort meldet.

Ein Tier hingegen kennt keine Zweifel und Bedenken und kann auch nicht zeitübergreifend planen und handeln, obwohl es natürlich ebenso aus Erfahrungen der Vergangenheit lernt. Aber dieser Lerneffekt ist lediglich im Stammhirn gespeichert und hat nichts mit dem zu tun, was wir als bewusste Intelligenz bezeichnen.

Intelligenz wäre in unserem Sinne erst dann feststellbar, wenn ein Tier z. B. rechnen könnte. Der Mensch hat also einen eindeutigen Vorsprung vor allen anderen Mitbewohnern dieser Erde, woran Sie sicher auch ohne meine Darlegungen nicht gezweifelt haben. Trotzdem möchte ich etwas noch einmal klarstellen:

Der Verstand des Menschen ist keinesfalls mit seiner unbegrenzten, geistigen Ebene zu verwechseln.

Hier herrscht allenthalben ein Definitions-Wirrwar, den ich – im Sinne meiner weiteren Ausführungen – etwas entwirren möchte. Immer wieder wird vom „menschlichen Geist“ gesprochen. Nicht nur eine sprachliche, leider auch ebenso eine begriffliche Ungenauigkeit wie die „menschliche Seele“. Der Mensch ist in seiner Erscheinungsform „be“-grenzt – Geist hingegen ist „un“-begrenzt. Ein menschlicher Geist wäre also etwas begrenzt Unbegrenztes.

Der Verstand des Menschen gehört eindeutig zu seiner begrenzten körperlichen Existenz. Wenn das Hirn des Menschen nicht mehr durchblutet ist, gibt es diesen Verstand nicht mehr. Alles, was wir ihm mühsam eingebläut haben, ist gelöscht.

Völlig unabhängig von der körperlichen Existenz und ebenso unabhängig von der Existenz des Verstandes bleibt die unbegrenzte, geistige Ebene des Menschen, bleibt seine Seele, sein göttliches Erbe oder wie immer wir es auch nennen mögen, bestehen.

Die Trennung der beiden Ebenen ist also relativ einfach: Alles, was begrenzt ist, gehört zu unserer körperlichen Ebene, alles, was unbegrenzt ist, gehört zur geistigen Ebene. Nun laufen wir allerdings nicht zweigeteilt über diese Erde. Die beiden Ebenen beeinflussen sich gegenseitig, wobei der Einfluss der körperlichen Ebene auf die geistige Ebene wesentlich geringer ist als umgekehrt. Geist steht über der Materie. Geist formt Materie. Geist ist der Ursprung aller Materie, jedenfalls in unserer hier vorgenommenen Definition von Geist.

Verzeihung, wenn ich etwas theoretisieren musste. Mir schien es notwendig, vorher einige Begriffe – so wie ich sie im weiteren Verlauf des Buches verwende – zu klären, um Missverständnisse auszuschließen.

Warum nutzen wir nun unseren Vorsprung, warum nutzen wir nun unseren Verstand und unsere unbegrenzt geistige Ebene nicht einfach dazu, dass es uns besser geht als allen anderen Lebewesen?

Warum lassen wir uns z. B. von unserem Verstand zu Handlungen verleiten, nach denen es uns dann eher schlechter geht als vorher?

Gleichgültig, um welche Handlungen es sich dabei im Einzelfall handelt. Ob wir nun pflichtgemäß Tante Frieda besuchen – was wir innerlich schon immer verabscheut haben – und es uns danach – mit einem Bauch voller Wut über Tante Friedas unentwegte Besserwisserei – schlechter geht als vorher, oder ob wir etwas essen oder trinken, was uns nicht gut tut, weil wir unseren Gastgeber nicht enttäuschen wollen oder weil alle anderen auch davon essen und es vielleicht sogar „in“ ist, davon zu essen.

Harmlose Dinge, mögen Sie sagen, aber ich fange immer gerne mit den sogenannten harm-„losen“ Dingen an, die in ihren Auswirkungen dann meist umso mehr Harm zurücklassen. Ein Bauch voller Wut z. B. wirkt sich negativ auf unseren ganzen Organismus aus.

In der Regel ist es unser Verstand, der uns zu etwas überredet oder der es zumindest zulässt, dass wir etwas tun, was wir eigentlich gar nicht tun wollen. Er überlagert unseren natürlichen Instinkt. Unser Verstand trägt in solchen Fällen also nicht zu unserem Wohlbefinden, sondern ganz im Gegenteil zu unserem Schlechtbefinden bei.

Ein Tier hätte sich anders verhalten. Es hätte dabei sogar einen wunderbaren Vorteil: Es hätte die ewig plappernde „Flüstertüte Verstand“ nicht zu ertragen. Ein Tier würde allein seinem Instinkt folgen, was auch nicht immer harmlos enden muss. Aber in unseren „harmlosen“ Beispielen hätte es weder die Gesellschaft von etwas gesucht, was ihm nicht gut tut, noch hätte es eine Nahrung aufgenommen, die ihm nicht gut tut. Aber warum tun dann Menschen so etwas? Wir gelten doch als schlauer!

Das Problem besteht allein darin,
dass wir unserem Verstand
zu viel Macht einräumen.
Wir stellen unseren Verstand
über unsere Gefühle,
seien sie nun instinktiver oder
intuitiver Herkunft.

„Man“ kann doch nicht,
„man“ darf doch nicht,
„man“ weiß doch.
Wie sieht das denn aus,
wie stehen wir denn da?
Andere machen das doch auch so.

Unser Verstand oder richtiger gesagt die Konditionierungen unseres Verstandes bringen uns immer wieder dazu, etwas zu tun, was wir eigentlich gar nicht tun wollen, und nachher geht es uns dann regelmäßig schlechter als vorher.

Wie ich schon deutlich gemacht habe, verhalten wir uns damit im Prinzip dümmer als ein Regenwurm. Der legt sich z. B. nicht in die Sonne, um braun zu werden. So etwas würde ihm einfach nicht gut tun, selbst wenn braun auch unter Regenwürmern als schick gälte. Die Regenwürmer, die ich in meinem Garten finde, sind klugerweise immer nur gräulich-bläulich und manchmal auch etwas rötlich.

Aber was steht nun mehrheitlich hinter den so oft gehörten menschlichen Verhaltensregeln: „Man“ kann doch nicht, „man“ darf doch nicht usw. usw.?

Es ist die Angst davor, außerhalb einer Gemeinschaft zu stehen, in der „man“ das halt so macht. „Man“ möchte doch dazugehören.

Es ist die Angst davor, dass z. B. negativ über uns geredet wird. Manchmal ist es auch nur Neugier oder Unwissenheit.

Es ist die Angst davor, Zuneigung oder vielleicht sogar Anerkennung zu verlieren.

Es ist die Angst davor, uns mit unserem Verhalten selbst zu schaden.

Aber welch ein Unsinn!
Wenn wir aus Angst davor,
uns selbst zu schaden, etwas tun,
womit wir uns dann selbst schaden,
ist das doch nichts anderes als
gequirlter Unsinn im Quadrat.

Dies ist eines vernunftbegabten Wesens ganz und gar unwürdig. Wenn uns dies klar wird, haben wir bereits einen entscheidenden Einstieg zu mehr Lebensfreude gefunden.

Lassen wir „man" tun,
was „man" tun möchte.
Wir sind nicht „man".
Wir sind das, was „wir" sind,
und „man" sollte uns
nicht reinreden.

Wozu ich also zunächst einmal unbedingt auffordern möchte, ist ganz einfach: Halten wir einmal gründlich Hausputz.

Beginnen wir aufzuräumen mit all dem
Nonsens, der sich auch bei uns mit
Sicherheit angesammelt hat,
den wir womöglich selbst nicht mehr
erkennen,
der aber unsere Lebensfreude
massiv beeinträchtigen kann.

Alles werden wir bei einem solchen Hausputz nicht gleich loswerden können. Dazu sind die Verhaltensstrukturen eines Menschen zu eingefahren. Aber selbst wenn wir einen Zuwachs von nur 50 % mehr Lebensfreude erreichen, hat sich unsere Arbeit gelohnt und, glauben Sie mir, es wird ein Stück Arbeit sein, aus festgefahrenen Verhaltensmustern auszusteigen.

Aber besser, wir arbeiten an uns, als dass andere an uns arbeiten – auch wenn Tante Frieda sich dazu berufen fühlt und das doch auch so liebend gerne tut.

Also, packen wir's an.

Lassen Sie mich trotzdem noch eine Anmerkung machen, die mir sehr am Herzen liegt: Es gibt viele Bücher, die sich mit ähnlichen Themen wie dieses Buch beschäftigen. Auch diese Bücher empfehlen, Ordnung in das eigene Leben zu bringen, und beginnen dabei mit dem Aufräumen des Arbeitsplatzes, der Küche, des Kleiderschranks, des Kellers, des Terminkalenders usw. usw.

Dies sind nicht unbedingt falsche Vorschläge, aber sie betreffen allein die äußere Ordnung und nicht die innere Ordnung. Sie versuchen das geistige Gesetz „wie innen, so außen“ umzukehren.

Ein Mensch, der in einer inneren Ordnung lebt, lebt ganz selbstverständlich auch in einer äußeren Ordnung. Bei ihm ist sozusagen alles in Ordnung.

Dies lässt sich leider nicht umkehren. Äußere Ordnung bedingt nicht auch gleichzeitig innere Ordnung. Selbst ein ausgesprochener Ordnungsfanatiker kann gleichzeitig im inneren Chaos leben.

Eine krampfhaft aufrechterhaltene äußere Ordnung ist nicht selten der einzige Weg, die innere Unordnung noch einigermaßen im Griff zu behalten. Sie ist wie ein Stützkorsett, ohne das alles zerfließen würde.

Also beginnen wir bei unserem Aufräumen klugerweise innen und nicht außen.

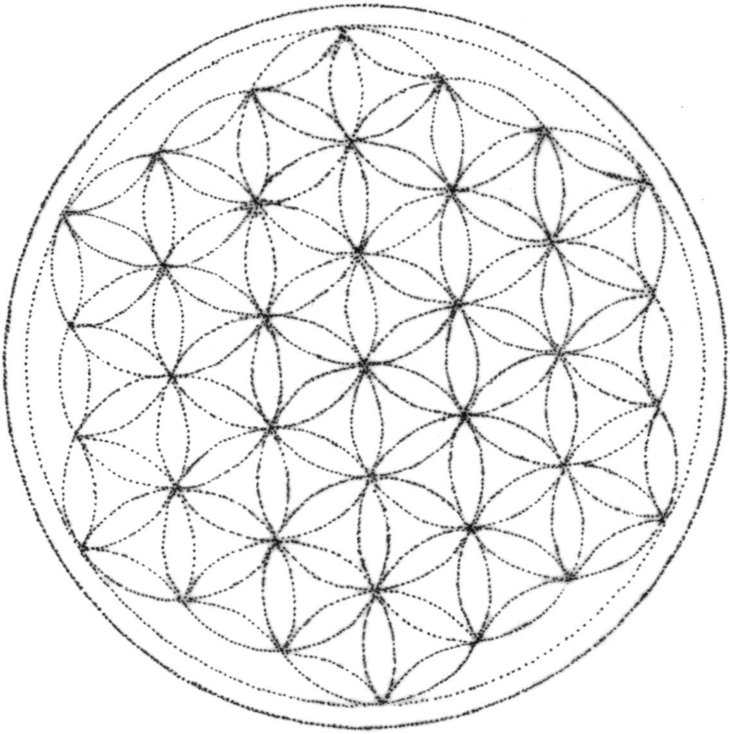

Die ersten zwanzig Prozent mehr Lebensfreude

Wenn wir wollen, dass es uns gut geht,
müssen wir zunächst einmal
alles unterlassen, was dazu führt,
dass es uns nicht gut geht.

20 %

Durchaus logisch – oder? Wem diese Logik zu einfach ist, der mag sich halt etwas Komplizierteres aussuchen. Die Theorien zu diesem Thema sind unendlich, aber ich für meinen Teil mag es nun einmal einfach. Wenn etwas nur sehr kompliziert darzustellen ist, gehen bei mir gleich alle Warnlampen an. Wahrheiten sind in der Regel einfach, auch wenn sie dadurch umso unbequemer sind. Eine einfache Wahrheit lässt weder Ausreden noch findige Interpretationen zu.

Wenn Sie nun aber zu den Menschen gehören, die immer sofort wissen, warum etwas nicht geht, dann werden Sie mir z. B. sagen wollen, dass es Ihnen überhaupt nicht gut tut, jeden Tag in diese Firma zu gehen, dass es Ihnen überhaupt nicht gut tut, unter diesen Umständen zu wohnen, dass es Ihnen überhaupt nicht gut tut, sich jeden Morgen in die volle U-Bahn zu quetschen, dass Ihnen auch der Speiseplan in der Kantine überhaupt nicht gut tut, von Ihrem Partner, der Ihnen auch nicht gut tut, ganz zu schweigen usw., dass Sie dies aber leider alles nicht ändern können, weil Sie den Job schließlich brauchen, die U-Bahn immer noch das Schnellste ist, Sie schließlich mittags etwas essen müssen, auch nicht gerne alleine sein wollen usw. usw.

Sie haben mein tiefes Mitgefühl, denn in Ihrem Leben wird sich tatsächlich nichts ändern.

Solange Sie davon überzeugt sind,
dass Sie nichts ändern können,
wird sich auch in Ihrem Leben
nichts ändern.
Reklamationen sinnlos!

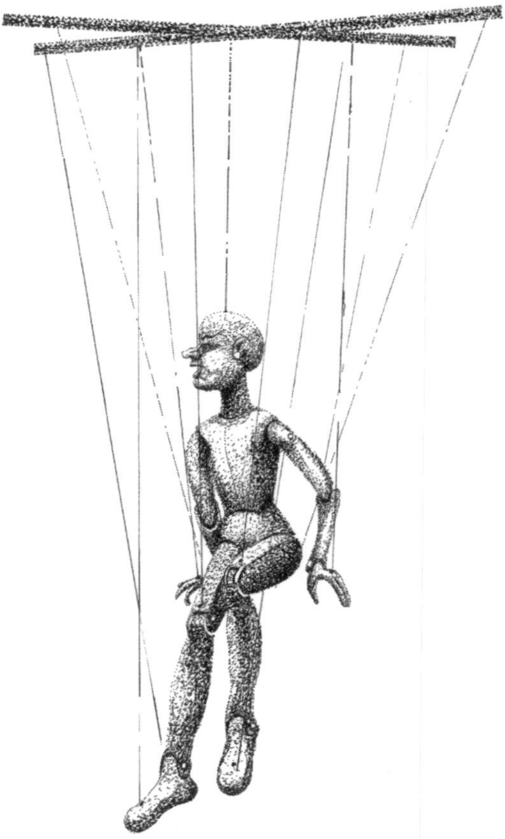

Sie blockieren sich selbst. Sie stecken in einem Kreisverkehr und finden die Ausfahrt nicht. Aber es gibt keinen Kreisverkehr ohne Ausfahrt. Jedenfalls habe ich in meiner Praxis einen solchen Kreisverkehr noch nie erlebt, und schließlich sind Sie ja auch auf irgendeinem Weg in diesen Kreisverkehr hineingeraten.

Notfalls müssen Sie denselben Weg als Ausfahrt benutzen, selbst wenn Sie dabei gegen die Einbahnstraßenrichtung fahren müssen. Kümmern Sie sich nicht darum. Der Weg in den Kreisverkehr hinein war ja auch eine Einbahnstraße.

***Das für Ihr Wohlbefinden
schädlichste Gefühl
ist das Gefühl, ausgeliefert zu sein
und nichts ändern zu können.
In diesem Gefühl zu leben
heißt im Prinzip
nichts anderes, als dass Sie
jeden Tag mehr oder weniger
ergeben absitzen.***

Dazu ist das Leben aber zu schade, und ich hatte Ihnen doch 100 % mehr Lebensfreude versprochen. Aber um dieses Ziel zu erreichen, brauche ich Sie.

Sie müssen mitmachen. Schließlich ist es Ihr Leben. „Sie" müssen „Ihr" Leben verändern. Ich kann Ihnen nur Hinweise geben, kann allenfalls dazu beitragen, Ihren Blick zu schärfen, aber handeln müssen „Sie".

Fangen wir bei unserem Hausputz mit ganz banalen Dingen an. Die Möbel können wir dann später immer noch verrücken. Aber selbst kleinste Veränderungen in den sogenannten banalen Dingen haben eine unverzichtbare Voraussetzung: die Anerkennung unserer Eigenverantwortung.

Solange wir noch irgendjemanden oder irgendwelche Umstände für unser Leben verantwortlich machen, verhalten wir uns wie ein unmündiges Kleinkind.

Wir haben es offensichtlich versäumt, erwachsen zu werden. Bequem zwar, aber im Hinblick auf unsere Lebensqualität höchst ineffizient. Verzeihung, wenn ich das so unverblümt sage.

„Wir selbst" sind der einzige Mensch, der für unser Wohlbefinden verantwortlich ist.

Weder unsere Eltern, weder unser Partner, weder unsere Kinder, weder das Arbeitsamt, weder die Regierung noch irgendein Arzt oder sonst wer ist für unser Wohlbefinden verantwortlich. Wir sind ganz alleine zuständig. Also nehmen wir diese Eigenverantwortung an und fangen wir mit den „ganz banalen" Dingen an – und zwar jetzt sofort. Wir müssen nicht erst noch …

Wie oft rufen wir z. B. jemanden an, den wir eigentlich gar nicht anrufen möchten, fühlen uns aber zu solchen Anrufen verpflichtet?

Wie oft nehmen wir Anrufe entgegen, die wir lieber nicht entgegennehmen würden, nur weil wir wissen, dass es sonst keine Ruhe oder sogar Unfrieden gibt?

In beiden Fällen unterwerfen wir uns einem gewissen Terror, direkt oder indirekt. Aber niemand hat das Recht, uns zu terrorisieren. Auch unsere Mammi oder sonstige Familienmitglieder nicht. Es sei denn, „wir" räumen ihnen dieses Recht ein. Dann haben wir auch keinerlei Grund zur Klage.

Aber warum tun wir so etwas? Werden wir uns über unsere Motive klar, und wenn wir ehrlich zu uns selbst sind, werden wir in den meisten Fällen auf jene Ängste stoßen, die ich eingangs unserer Betrachtung als ursächlich bezeichnet habe.

Wir wollen nicht enttäuschen, Wir wollen nicht, dass man schlecht über uns denkt. „Man" kann doch nicht so sein, und Mutti freut sich ja auch jedes Mal so, usw.

Also, wenn Mutti sich jedes Mal freut und wir uns jedes Mal genervt fühlen, handeln wir tatsächlich dümmer als ein Regenwurm.

Klären wir eine solche Situation. Legen wir klare Regeln fest. Sagen wir z. B. ganz klar, wann und wie oft wir am Telefon erreichbar sind und wann nicht. Wir haben das Recht dazu. Es ist unser Leben. Wir alleine sind dafür verantwortlich, dass es uns gut geht. Nehmen wir unser Recht in Anspruch. Es geht.

Ich empfehle Ihnen nichts, was ich nicht auch selbst so tun würde bzw. nicht schon längst so getan habe. Wer auch immer mich z. B. telefonisch sprechen möchte, weiß, dass er mich von Montag bis Freitag zwischen acht und zehn Uhr vormittags erreichen kann. Außerhalb dieser Zeit und am Wochenende bin ich unerreichbar. Es hat sich völlig problemlos etabliert.

Außer meiner Frau kennt auch niemand meine Handynummer. Mein Handy dient ausschließlich meiner eigenen Bequemlichkeit, vor allem, wenn ich auf Reisen bin.

Ich räume niemandem das Recht ein, mich zu stören, wenn ich z. B. an einem schönen Sommerabend in meinem Garten sitze und mit meinen Rosen Zwiesprache halte. Ein rappelndes und klingelndes Handy würde für mich in einer solchen Situation an Körperverletzung grenzen.

Viele Menschen halten das für Egoismus. Natürlich ist dies ein gewisser Egoismus. Aber es ist eine lebensnotwendige Form von Egoismus, ohne die ein Geschöpf auf Dauer nicht gesund bleiben kann. Ich werde darauf auch noch an anderer Stelle eingehen.

Wenn wir vordergründig dafür sorgen,
dass es anderen gut geht, und unser eigenes
Wohlbefinden hintanstellen,
werden wir hinten anstehen.
Wo denn sonst?

Machen wir uns bewusst: Wir selbst haben uns dort hingestellt, nicht die anderen sind schuld. Dafür zu sorgen, dass es uns gut geht, ist ein absolut lebens-notwendiger Egoismus, an dem auch unser Umfeld partizipiert, und somit ein höchst zulässiger Egoismus.

Nur wenn es uns gut geht,
können wir andere
an unserm Gutgehen teilhaben lassen.
Wenn wir etwas geben wollen,
müssen wir dafür sorgen,
dass wir etwas haben.

Ich kenne unzählige Menschen, die diesen Grundsatz missachtet haben, die leergelaufen sind, die krank geworden sind, die sich nach ihren eigenen Worten „aufgeopfert" haben und diese Opferrolle mit der Zeit sogar geliebt haben. Aber welchen Sinn hat so etwas?

Für mich lässt solches Verhalten eindeutig auf ein mangelndes Selbstwertgefühl schließen. Der eigene Selbstwert wird allein an dem gemessen, was man für andere tut.

„Erst wenn alle zufrieden sind, bin ich auch zufrieden."

Eine Armut, die meist dann in einer Katastrophe endet, wenn man nichts mehr tun kann, wenn die Kinder aus dem Haus sind, das Alter seinen Tribut fordert usw. Spätestens dann wird die eigene Leere sichtbar, die dann meist durch Telefonate, Besuche und manchmal sogar durch Krankheit aufgefüllt wird.

Natürlich ist die Gewichtung etwas anders, wenn wir z. B. noch nicht erwachsene Kinder zu versorgen haben. Hier steht für eine

gewisse Zeit deren Interesse im Vordergrund oder ist zumindest als gleichrangig zu betrachten. Dies ist in der gesamten Natur nicht anders. Aber auch das hat seine Grenzen. Kinder sind kein Freibrief zur Unvernunft. Auch hier – und sogar gerade hier – müssen wir dafür sorgen, dass es uns gut geht.

Genervte und kaputte Eltern schaden ihren Kindern. Wir helfen unseren Kindern nicht, wenn wir uns aufopfern oder überfordern lassen.

Durchforsten wir weiter das familiäre Umfeld: Welcher Art Zwänge herrschen in unserer Familie? Vielleicht werden wir beim Weihnachtsfest, dem sogenannten „Fest der Liebe", bei Geburtstagen und Ähnlichem fündig. Es wird nirgendwo mehr geheuchelt und gelogen als an solchen Tagen. Das berühmte „Man" schlägt hier in besonders krasser Weise zu, und die anwaltlichen Scheidungspraxen sind z. B. nach dem Fest der Liebe besonders stark frequentiert.

Haben Sie den Mut, auch aus weihnachtlichen Zwängen auszusteigen. Sie haben mit dem Sinn dieses Festes nichts zu tun. Auch wenn Tante Frieda voriges Jahr, das Jahr davor und eigentlich schon immer …

Ja, wenn es schon immer so war, dann reicht es doch jetzt, dann muss es doch diesmal nicht schon wieder so sein. Was empfinden Sie, wenn ich so etwas sage? Habe ich Recht oder Unrecht? Oder denken Sie, dass „man" doch nicht so sein kann, dass „man" Tante Frieda doch nicht enttäuschen darf, sie freut sich doch jedes Jahr so darauf und bereitet alles so schön vor. Trotzdem …

***Tun Sie nichts, was Ihnen nicht gut tut.
Sorgen Sie dafür, dass es Ihnen gut geht.
Es ist Ihr Leben, und
dieses Leben ist kürzer, als Sie denken.***

Dies können natürlich nur Anregungen sein, die ich Ihnen gebe. Ich kenne Ihr Familienleben nicht, aber ich weiß aus meiner täglichen Praxis, wie viel Lebensfrust statt Lebensfreude seine Wurzeln im familiären Umfeld hat.

Erwartungen der Eltern an die Kinder und Erwartungen der Kinder an die Eltern, Erwartungen an den Partner, Erwartungen an Freunde und Bekannte usw. Mein unbedingter Tipp:

***Lassen Sie keine Erwartungen an
Ihr Verhalten gelten
und hegen Sie keine Erwartungen
an das Verhalten anderer.***

Wenn Sie durch Ihr Verhalten jemanden enttäuschen, der z. B. erwartet hatte, dass Sie doch zumindest einmal anrufen oder eine Postkarte schreiben, dann ist dies allein sein Problem. Hätte er nichts erwartet, wäre er jetzt nicht enttäuscht. Nicht „Sie“ sind für seine Enttäuschung verantwortlich. Er selbst hat die Falle aufgestellt, in die er nun hineingeraten ist.

Zudem sollte er dankbar für die Enttäuschung sein. Enttäuschung bedeutet ja nichts anderes, als dass jemand in einer Täuschung gelebt hat und jetzt „ent“-täuscht wurde, also wieder klar sieht. Doch eigentlich ein Grund zur Dankbarkeit – oder?

Der Buddha Gautama sagte in seinen goldenen Regeln zur Aufhebung des Leids Folgendes: Nichts erwarten – nichts zurückweisen.

***Je erwartungsfreier wir leben,
je weniger Erwartungen wir an uns selbst
gelten lassen und je weniger wir das
zurückweisen, was auf uns zukommt,
desto zufriedener leben wir.***

Eigentlich auch wieder ganz einfach und damit doch auch wieder so unglaublich schwer. Wir wollen doch nicht enttäuschen, wir wollen doch gut dastehen, wir wollen doch gemocht und anerkannt werden, und vielleicht wäre es ja sogar total langweilig, wenn wir keine Erwartungen mehr hätten.

Sehen Sie, so etwas wie den letzten Einwand kann nur Ihr Verstand erfinden. „Er“ kann es sich nicht vorstellen, ohne Erwartungen zu leben. Er braucht immer irgendeine Beschäftigung, er braucht Ziele, Strategien und Maßnahmen, die er kontrollieren kann. Er rattert und rattert …

Der Wunsch, gemocht und anerkannt zu werden und dabei auch gleichzeitig Ziele vor Augen zu haben, die man erreichen möchte, ist so lange unbedenklich, solange wir zu dessen Erfüllung keinen zu hohen Preis zahlen. Solange wir uns dafür nicht selbst etwas antun, was uns nicht gut tut. Denken Sie immer an den Regenwurm.

Noch einmal:

1. ***Ich bin für mein Wohlergehen verantwortlich.***
2. ***Ich muss dafür sorgen, dass es mir gut geht.***
3. ***Nur wenn es mir gut geht, kann ich andere an meinem Gutgehen teilhaben lassen.***

Geht es mir nicht gut, werde ich vom Gebenden zum Bedürftigen. Nun ist Bedürftigkeit keineswegs eine ungeliebte Rolle. Viele Familien werden mit diesem Phänomen terrorisiert. Bedürftigkeit zu signalisieren kann ebenso ein Weg sein, Liebe und Zuneigung zu erhaschen, wie umgekehrt das Geben und Nichtenttäuschenwollen ein solcher Weg sein kann.

Beide Spielarten signalisieren im Prinzip das Gleiche. Sie zeigen die Abhängigkeit des eigenen Wohlbefindens vom Außen. Sie zeigen die mangelnde Fähigkeit, aus sich selbst heraus zufrieden und glücklich zu sein, und damit begeben wir uns in eine Abhängigkeit, die letztlich immer nur zu unserem Schaden führen kann.

Wenn wir solche Muster bei uns selbst entdecken oder wenn wir entdecken, dass wir in diesem Sinne von anderen missbraucht werden, steigen wir schleunigst aus. Denken wir an den Regenwurm.

Trotzdem eine dringende Warnung!

***Wechseln wir nicht von einer Unfreiheit
in die andere.
Es ist ebenso eine Unfreiheit,
allen Erwartungen gerecht werden zu wollen,
wie es eine Unfreiheit ist,
keinen Erwartungen gerecht
werden zu wollen.***

Gehen wir vernünftig mit unseren Erkenntnissen um und ziehen wir die Grenze da, wo unser eigenes Wohlbefinden berührt wird – dann aber bitte umso konsequenter.

Gibt es Erwartungen, die wir erfüllen können, ohne dass es unser eigenes Wohlbefinden berührt, dann tun wir es frohen Herzens. Wir vergeben uns nichts dabei.

Aber machen wir nicht den Fehler, dafür Dank zu erwarten. Tun wir es erwartungsfrei und eröffnen wir nicht den nächsten Kreisverkehr. Wenn wir im familiären Bereich gründlich Hauputz halten, werden wir hier leicht die ersten 10 bis 15 % mehr Lebensfreude zu verbuchen haben.

*

Wenden wir uns nun der beruflichen Seite zu.

Auch hier gilt die Grundregel: „Tun wir uns nichts an, was uns nicht gut tut“, wenngleich die Grenzlinie hier etwas weiter gezogen werden muss als im privaten Bereich. Aber gerade weil dies so ist, ist die Schaffung eines gewissen Freiraums im privaten Bereich umso notwendiger.

Egal, welchen Beruf wir auch ausüben, schon allein durch die Ausübung eines Berufes werden bestimmte Erwartungen an uns gestellt. Von einem Rechtsanwalt erwarten wir z. B. die bestmögliche Vertretung unserer Interessen. Er kann nicht geltend machen, dass unsere Erwartungen allein unsere Sache sind und er dafür nicht zuständig ist. Auch wenn wir zu einem Friseur, Zahnarzt, Metzger oder Computerfachmann gehen, tun wir dies mit ganz bestimmten Erwartungen – und zwar zu Recht.

Auch wenn wir von einer Firma eingestellt wurden, ist dies auf gegenseitigen Erwartungen gegründet, die in der Regel auch vertraglich geregelt sind: Aufgabenbereich, Arbeitszeit usw. Auf der einen Seite Entgelt, Urlaubsanspruch usw., auf der anderen Seite …

Die Firma hat das absolute Recht, die Erfüllung ihrer Erwartungen zu verlangen, so wie wir das Recht haben, auf der Erfüllung unserer Erwartungen zu bestehen. Aber auch in diesem Spiel gibt es Grenzen, und die möchte ich jetzt gemeinsam mit Ihnen herausarbeiten.

Die Grenze liegt immer da,
wo uns etwas total gegen den Strich geht,
wo etwas an unserer Substanz zehrt,
wo wir leiden, wo wir unglücklich sind.

In einem solchen Fall müssen wir aussteigen. In einem solchen Fall müssen wir uns von diesem Beruf oder dieser Firma verabschieden oder wir werden verabschiedet – so oder so! Meist sogar gründlicher, als wir dies erwartet hatten. Kein Lebewesen kann auf Dauer gegen sein Wohlbefinden handeln. Unser Körper wird rebellieren.

Ich nenne Ihnen dazu ein Beispiel aus meiner Praxis: Ein zum Zeitpunkt der Konsultation etwa vierzigjähriger Mann war auch nach seiner Kindheit den Erwartungen seiner Eltern brav gefolgt, hatte Jura studiert und dann später die väterliche Anwaltspraxis übernommen. Die Eltern waren glücklich und zufrieden, wurde doch der elterliche Name in der beruflichen Tradition weitergeführt, der Sohn hingegen war unglücklich und unzufrieden und hätte lieber etwas ganz anderes gemacht.

Im Prinzip hasste er diesen Beruf. Er fand weder Freude noch Befriedigung daran, jeden Tag um alles und nichts zu streiten und das Leben nur noch durch die juristische Brille zu betrachten. Er war zutiefst frustriert, ohne dies aber zeigen zu dürfen. Er fraß seinen Frust in sich hinein.

Die unausweichliche Folge: Der Sohn wurde krank. Die Krankheit zog ihn sozusagen aus dem Verkehr, zumindest aus dem juristischen Verkehr. Alle Therapieversuche blieben erfolglos. Es musste ein fremder Anwalt an der Praxis beteiligt werden, die dieser zunächst weiterführte und dann nach einiger Zeit ganz übernahm.

Eine Heilung setzte bei unserem folgsamen Sohn erst zu dem Zeitpunkt ein, als für ihn keine Gefahr mehr bestand, den ungeliebten Beruf weiter ausüben zu müssen. Dies war keinesfalls eine geschickte Planung seinerseits, derartige Abläufe geschehen völlig unbewusst. Es sind Mechanismen unseres Unterbewusstseins, es sind Überlebensmechanismen, die uns vor dem Schlimmsten bewahren. Sie entziehen sich völlig unserem bewussten Willen, sie sind wesentlich stärker als jede verstandesgesteuerte Überlegung.

Wenn sich die Ziele der bewussten und der unbewussten Ebene entgegenstehen, siegt immer und ausnahmslos die unbewusste Ebene.

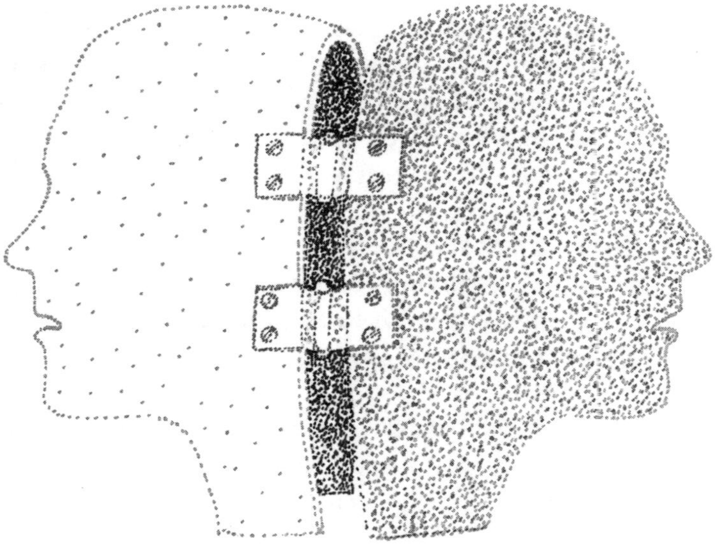

In solchen Fällen ein durchaus sinnvoller Schutzmechanismus. Eine innere Notbremse sozusagen, die ausschließlich zu unserem Wohle handelt.

Kein Geschöpf kann auf längere Zeit ungestraft gegen seine eigenen Lebensinteressen handeln – oder es eliminiert sich selbst.

Ich muss das immer wieder sagen, auch wenn Sie es vielleicht für übertrieben halten und sich stark genug fühlen, so etwas schon durchzuhalten. Na, dann halten Sie mal schön durch – irgendwann sehen wir uns dann in meiner Praxis. Besser, Sie kämen vorher.

Täglich einen Beruf ausüben zu müssen, der uns zuwider ist, oder auch täglich mit einem Partner leben zu müssen, der uns gegen den Strich geht, lässt uns auf Dauer energetisch so leerlaufen, dass wir z. B. einer Krankheit so gut wie nichts mehr entgegenzusetzen haben.

Besser, wir steigen rechtzeitig aus einem unguten Job aus, auch wenn unser Verstand noch so zwingend erscheinende Gründe aufführt, warum wir diesen Job gerade jetzt so dringend brauchen und es ja auch völlig ungewiss ist, ob …? Besser diese Ungewissheit als die Gewissheit, die ich Ihnen gerade geschildert habe.

Besser, wir scheiden aus einer unguten Partnerschaft aus, bevor der Tod uns scheidet, denn nur dann hat es noch einen Sinn.

Ist Ihnen das zu radikal, dann machen Sie halt so lange weiter, bis es nicht mehr geht. Es ist Ihr Leben und Sie kommen schneller an den kritischen Punkt, als Sie denken. Auch wenn Sie sich im Moment noch so stark fühlen.

Nun haben wir hier über Entscheidungen elementarster Art gesprochen. Wir haben schwarz-weiß geredet. Die Grautöne haben wir zunächst außerhalb unserer Überlegungen gelassen, aber das heißt nicht, dass diese Grautöne keine Bedeutung haben.

Vielleicht sind Sie ja im Prinzip ganz zufrieden mit Ihrem Job, wenn nur nicht dieser Kollege, dieser Vorgesetzte, dieser Papierkram, dieser Krach oder sonst etwas wären. Das sind die Grautöne, die ich meine.

In diesem Fall wäre es schade, wenn Sie sich gleich verabschieden. Immer wird irgendwo etwas sein, was sie nicht so gut finden, und Sie können nicht für den Rest Ihres Lebens immer gleich davonlaufen. In diesem Fall empfehle ich Ihnen etwas ganz anderes:

Nehmen Sie die Situation an,
aber nehmen Sie die Situation nicht hin!
Nehmen Sie sie als eine Aufgabenstellung
an, die Sie zu lösen haben.

Noch einmal ganz deutlich: Eine Aufgabenstellung, die „Sie“ zu lösen haben. Nicht der Kollege, nicht der Vorgesetzte. Sie haben kein Recht, andere Menschen zu ändern, so wie andere kein Recht haben, Sie zu ändern.

Das einzige, was Sie ändern können, ist Ihr Umgang mit einem Problem, und dies fängt mit einer sehr einfachen Empfehlung meinerseits an: „Nehmen Sie rechzeitig die Luft raus – lassen Sie es erst gar nicht zu einem Problem werden.“

Betrachten Sie das, was Sie als Problem
empfinden, als eine Trainingsaufgabe,
an der Sie wachsen werden.

Täglich stellt uns das Leben solche Trainingsaufgaben. Freuen Sie sich auf ein solches Training. Nehmen Sie sich z. B. vor, dass Sie das, was Sie bisher als Problem angesehen haben, heute in keiner Weise stören wird. Wenn z. B. der nervige Kollege die Ursache ist, dann seien Sie an diesem Tag ganz besonders nett zu ihm, auch wenn Ihnen das sehr schwer fällt.

Betrachten Sie ihn als einen Menschen, der ein Problem hat – aber Sie haben dadurch kein Problem. Gehen Sie auf Abstand und lassen Sie sich nicht in sein Problem hineinziehen. Überlegen Sie, wie Sie ihm vielleicht helfen können. Was hat er wohl? – Warum ist er so? – Was könnte ich für ihn tun?

Es ist ganz wichtig für Sie, diesen Abstand zu halten und in die Zuschauerrolle zu schlüpfen. Solange Sie etwas betrachten, solange Sie zuschauen, ist es außerhalb von Ihnen. Wenn Sie sich aus der Zuschauerrolle herauslocken lassen, wenn Sie sich vereinnahmen lassen, sind Sie mitten drin im Spiel.

Der alles entscheidende Unterschied:
Haben Sie das Problem –
oder hat das Problem Sie?
Wer geht mit wem um?

Wenn Sie wollen, gebe ich Ihnen noch ein paar kleine Hilfsmittel an die Hand, die Ihnen eine solche Arbeit etwas erleichtern.

Es gibt z. B. eine Stelle unseres Körpers, durch deren Beklopfen wir so etwas wie einen direkten Zugang zu unserem Unterbewusstsein bekommen.

Diesen Punkt finden Sie, indem Sie die linke Hand zu einer Faust machen, deren Handoberfläche Sie dann betrachten. Sie sehen die vier Knöchelchen, die von den Fingern in die Handoberfläche münden. Fahren Sie mit dem Zeigefinger der rechten Hand von rechts nach links über diese Knöchelchen, bis Sie beim kleinen Finger angelangt sind. Beim kleinen Finger fahren Sie dann mit dem Zeigefinger dieses letzte Knöchelchen abwärts, bis Sie im weichen Gewebe landen. Das ist der Punkt, den wir gesucht haben.

Wenn Sie jetzt diesen Punkt mit der Spitze Ihres rechten Mittelfingers beklopfen – etwa im Sekundentakt – ist es so, als würden Sie über eine Buschtrommel eine Nachricht zu Ihrem Unterbewusstsein senden.

Nun sollten Sie natürlich nicht ohne Inhalt klopfen, Sie wollen ja nicht nur Lärm machen. Sie sollten Ihrem Unterbewusstsein auf diesem Weg eine Nachricht eingeben, die Ihnen bei der Bewältigung Ihrer Aufgabe hilft. Ich mache Ihnen dazu folgende Vorschläge:

Ich weiß, dass ich zu jeder Aufgabe, die ich zu lösen habe, auch die notwendige Kraft habe. Ich bleibe ruhig und gelassen.

Alle Hindernisse und Schwierigkeiten lassen mich wachsen. Jeder (auch dieser) Mensch bringt eine Bereicherung in mein Leben.

Sprechen Sie einen solchen Satz leise vor sich hin und klopfen Sie dabei den besagten Punkt. Dies bringt die stärkste Wirkung hervor. Sie formulieren, Sie sprechen, Sie hören. Wenn Sie nicht laut sprechen können, rezitieren Sie diesen Satz in Gedanken. Die Wirkung ist dabei allerdings etwas schwächer, weil weniger Sinne involviert sind. Wenn Ihr Unterbewusstsein diesen Satz nach einiger Übung verinnerlicht hat, wird das, was Sie jetzt noch bewusst eingeben, ganz automatisch in Ihnen ablaufen.

Aber auch hier wieder eine Warnung:

Wenn Sie selbst einen Satz formulieren, den Sie bei speziellen Problemstellungen anwenden wollen, achten Sie bitte unbedingt darauf, dass Sie in der Formulierung keine Verneinung verwenden. Das Unterbewusstsein kennt kein „Nein“.

„Ich habe keine Angst“, ist z. B. der direkte Weg in die Angst. Das Unterbewusstsein registriert nur das Wort „Angst“. Warum sagen Sie Angst, wenn Sie keine Angst haben wollen? Sie rufen doch auch nicht: „Herr Ober, zwei Bier bitte nicht.“ Das Ohr des Obers ist darauf trainiert zu hören, was Sie wollen, nicht, was Sie nicht wollen.

Der Ober wird Ihnen zwei Bier bringen – garantiert. Eine brauchbare Formulierung gegen die Angst z. B., die immer eng macht und einschnürt, wäre z. B.:

***„Alles ist frei und weit in mir.
Ich kann ganz tief und weit und frei
durchatmen."***

Aber gehen wir zurück zu unserer Thematik. Mit der Angst, die eines der größten Hindernisse auf dem Weg zu mehr Lebensfreude ist, werde ich mich noch später beschäftigen. Dabei gibt es sogar so etwas wie eine Angst vor der Freude, oder haben Sie noch nie erlebt, wie jemand sagt, dass wir das sicher alles wieder büßen müssen? Aber wie gesagt, später!

*

Schauen wir uns zuletzt auch noch den Kreis Ihrer Freunde und Bekannten an. Über Familie und Beruf haben wir gesprochen.

Was gibt es hier an Zwängen und Ritualen, die Ihnen nicht gut tun, denen Sie aber folgen, z. B. aus Rücksicht auf Ihre Partnerin oder weil „man" doch nicht so sein kann oder auch weil Sie ganz einfach nichts verlieren wollen, sich nicht unbeliebt machen wollen usw.? Halten Sie auch hier Hausputz und tun Sie sich nichts an, was Ihnen nicht gut tut. Seien Sie nicht dümmer als der von mir so gern zitierte Regenwurm.

Z. B. müssen Sie nicht überall dabei sein, Sie haben wahrscheinlich nur das Gefühl, dabei sein zu müssen, und dieses Gefühl entspringt in der Regel eigener Unsicherheit. Sie möchten informiert sein, Sie möchten alles im Griff haben, Sie möchten kontrollieren usw.

Werden Sie sich auch hier über Ihre Motive klar und betrügen Sie sich nicht selbst dabei. Ihr Verstand kennt unglaublich logische

Argumente, warum Sie sich gar nicht anders verhalten können, als Sie sich nun einmal verhalten. Höchst törichte Alibis! Ihr Gefühl weiß es meist besser.

***Sie müssen nicht über alles informiert sein,
Sie müssen nicht wissen, was über diesen
oder jenen geredet wird.
Sie müssen nicht einmal wissen,
was über Sie geredet wird.***

Meist ist es sogar besser, das nicht zu wissen. Es wäre sogar meisterhaft, es nicht einmal wissen zu wollen, denn damit laufen Sie auch keinerlei Gefahr, Ihr Verhalten danach auszurichten.

Wenn die ganze Welt Sie bewundert und verehrt, Sie sich aber überfordert und unglücklich fühlen, sind Sie ein Narr.

Wenn die ganze Welt Sie belächelt und wenig ernst nimmt, Sie sich dabei aber sauwohl fühlen, sind Sie ein Weiser.

***Sie haben nichts davon, wie andere Sie sehen
und wie andere über Sie denken.
Sie haben nur etwas davon,
wie „Sie" sich sehen
und wie „Sie" über sich denken.***

Auch wieder eine so einfache und doch so schwer zu befolgende Wahrheit. Denken Sie immer daran: Sie sind der Architekt Ihres Lebens. Allein Ihre Gefühle und Ihre Gedanken entscheiden über Ihr Wohlbefinden, nicht die Gedanken und Gefühle der anderen. Zumindest sollte es so sein!

Wenn Sie entdecken, dass Ihr Leben mehr vom äußeren Umfeld als von Ihnen selbst bestimmt wird, besteht akuter Handlungsbedarf. Je mehr Ihr Umfeld Ihr Denken und Handeln bestimmt, je mehr Sie dazu in ein bestimmtes Rollenspiel schlüpfen, je mehr sind Sie dabei, Ihre eigene Persönlichkeit aufzulösen.

Sie werden im Äußeren immer mächtiger und im Inneren immer schmächtiger.

Es gibt berühmte Beispiele eines solch verhängnisvollen Weges der inneren Auflösung: Marilyn Monroe, Elvis Presley, Romy Schneider usw. Sie waren irgendwann nur noch die Rolle, die sie spielten, und hatten sich selbst dabei verloren. Sie wurden nur noch dem gerecht, was die Leute in ihnen sahen. Ihrem Eigenleben hatten sie längst ein Ende gesetzt, bevor sie auch ihrer körperlichen Existenz ein Ende setzten.

Nun können wir das natürlich auch wieder der Abteilung Schwarz-Weiß zuordnen. Einverstanden! Aber auch die krasseste Schwarz-Weiß-Entwicklung beginnt zunächst einmal mit einer Verschiebung der Grautöne, und ich möchte Ihren Blick für solche Anfänge frühzeitig schärfen.

Also, wie sieht Ihr Hausputz in diesem Feld aus? Was kommt dabei zu Tage? Wie weit sind Sie vom Außen abhängig? Sind Sie erst zufrieden, wenn Sie von allen gemocht und anerkannt werden, wenn Sie gut dastehen, wenn man gut über Sie redet?

Das wäre mehr als schade, denn damit bestimmen nicht Sie selbst, sondern Ihr Umfeld über Ihr Wohlergehen. Auf dem Weg zu 100 % mehr Lebensfreude so etwas wie eine Bahnschranke, die sich niemals öffnen wird. So kommen Sie nicht weiter!

Wenn das eigene Rollenspiel im Anfang nur schwer zu durchschauen ist – für uns selbst wird es ja sehr schnell zur Wahrheit –, werden Sie sich zunächst einmal klar darüber, welche Rollen Sie anderen zugeteilt haben, und auch dazu ist ein Freundeskreis bestens geeignet.

Erwin, der Schürzenjäger, Karin, die Geschwätzige, Friedhelm, der brave Familienvater, Georg, die Betriebsnudel, Susanne, die Verführerin usw. usw. Natürlich sind sie in Ihren Augen so, und die anderen sehen sie – zumindest Ihrer Meinung nach – auch so. Trotzdem garantiere ich Ihnen, dass Ihre Einsortierung keinerlei Wahrheitsgehalt besitzt. Der Mensch neigt dazu, alles in Schubladen einzuordnen, und was dann einmal in einer solchen Schublade steckt, kommt dort so schnell nicht wieder heraus.

Vielleicht ist Friedhelm, den Sie z. B. als braven Familienvater eingeordnet haben, gar nicht der, für den Sie ihn halten? Vielleicht führt er sogar so etwas wie ein Doppelleben, und ich garantiere Ihnen, Sie wären der oder die Allerletzte, die dies bemerken würde, weil Ihre Einsortierung, weil die Schublade, in die Sie ihn gesteckt haben, einen solchen Verdacht erst gar nicht zuließe. Sie würden ihn bis zuletzt verteidigen, und nicht nur, weil es um Friedhelm geht. Sie würden Ihr eigenes Schubladensystem so lange verteidigen, bis es wirklich nicht mehr zu verteidigen ist.

Mir fällt dazu eine wunderbare Geschichte ein, die ich Ihnen nicht vorenthalten möchte. Ich weiß nicht mehr, woher ich diese Geschichte habe, wo ich sie gelesen habe oder wer sie mir erzählt hat. Aber sie ist immer noch in meinem Kopf, und sie ist ein treffendes Beispiel für das, was wir gerade behandeln. Ich versuche sie sinngemäß wiederzugeben:

Drei katholisch geprägte Gemeindearbeiter sind mit der Ausbesserung einer Straße beschäftigt, die unmittelbar an einem Bordell vorbeiführt. Natürlich können sie es nicht lassen, während ihrer Arbeit zu beobachten, wer in dieses Sündenhaus ein- und ausgeht.

Sie bemerken zunächst einen Mann, der mit hochgeschlagenem Mantelkragen und sein Gesicht von ihnen abwendend in diesem Haus verschwindet. Sie sind sich schnell einig: Dies war ganz unverkennbar der jüdische Rabbi, und sie sind vollkommen einer Meinung darin, dass man gerade diesem so etwas schon immer zugetraut habe. Was kann man von dem schon erwarten?

Nach kurzer Zeit verschwindet ein zweiter Mann in diesem Haus, und auch diesem nutzt sein tief ins Gesicht gezogener Hut nichts. Auch er wird erkannt, und auch hier ist die Meinung der Arbeiter einhellig: „Was kann man von dem schon erwarten." Es war der evangelische Pastor.

Erst gegen Mittag sehen sie wieder eine Gestalt in dieses Sündenhaus verschwinden. Auch diese Gestalt wird erkannt, und auch hier ist die Meinung einhellig: „Eines der Mädchen muss schwer erkrankt sein und mit dem Tode ringen." Es war der katholische Pfarrer.

Unsere Einsortierungen erfolgen ausschließlich nach unserem ganz persönlichen Maßstab, und wenn wir das Ganze nüchtern betrachten, ist es gar nicht „unser" Maßstab. Es ist lediglich der Maßstab, den man uns beigebracht hat. Es ist der Maßstab der Konditionierungen, denen wir – wie jeder andere Mensch auch – von frühester Kindheit an unterworfen waren. Es ist allein „unser" Maßstab.

Natürlich haben wir keine andere Wahrheit, natürlich haben wir keine anderen Erfahrungen, wo sollten die auch herkommen? Wir können etwas nur so sehen und einordnen, wie wir es eben sehen und einordnen. Das ist durchaus in Ordnung so. Aber es gibt auch hier wieder einen entscheidenden Unterschied, zu dem ich Sie hinführen möchte:

Betrachten wir etwas mit der festen Überzeugung, im Besitz der Wahrheit zu sein, oder halten wir es für möglich, dass auch das Gegenteil richtig sein könnte?

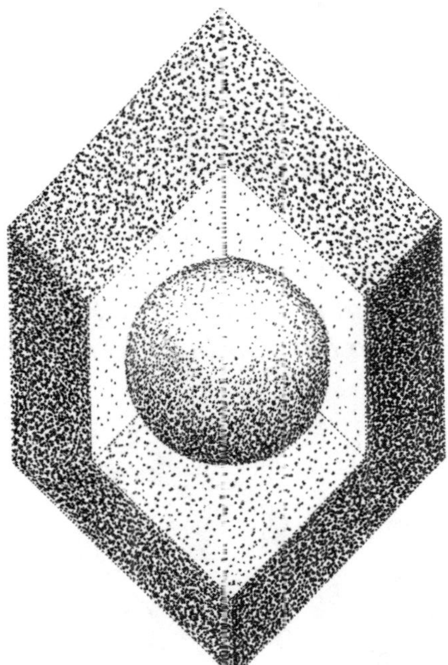

Niemand ist im Besitz der Wahrheit! Jeder hat „seine" eigene Wahrheit! Wenn wir uns dann gegenseitig zugestehen, „unsere" Wahrheit haben zu dürfen, und alle Missionierungsversuche aufgeben, leben wir ein Stück friedlicher miteinander, und um dies ein wenig zu trainieren, ist der eigene Freundes- und Bekanntenkreis ein durchaus geeignetes Übungsfeld.

Jeder, der anderer Meinung ist als wir,
kann eine Bereicherung für uns sein.
Jeder, der derselben Meinung ist wie wir,
bringt uns kein Stück weiter.

Aber dies bedingt, dass wir offen sind, dass wir zuhören und versuchen, den Gedanken des anderen zu folgen. Dies bedingt, dass wir uns selbst in Frage stellen können und uns eben nicht im Besitz der Wahrheit wähnen.

Leider geben unsere Politiker dazu das schlechteste Beispiel ab, von Vertretern der verschiedenen Religionen ganz zu schweigen. Zuhören und versuchen, einen anderen zu verstehen, ist sicher eine der schwierigsten Übungen überhaupt.

Es gibt viele Schulen,
in denen man das Reden lernen kann –
es gibt aber leider keine Schule,
in der man das Zuhören lernen kann.

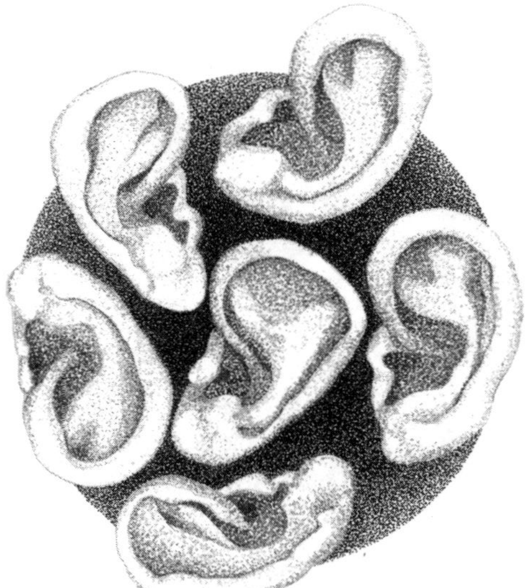

Machen wir uns immer bewusst: Jeder Mensch ist nichts anderes als das Ergebnis seiner individuellen Konditionierungen, geprägt durch den Kulturkreis, in den er hineingeboren wurde, geprägt durch die Struktur seiner Familie und des sozialen Umfelds, in dem er aufgewachsen ist.

Wären wir z. B. als Baby vertauscht worden und bei ganz anderen Eltern aufgewachsen, würden wir heute auch in ganz anderen Wahrheiten leben.

Nun sind unsere Wahrheiten, nun ist der Maßstab, mit dem wir die Welt betrachten, kein unentrinnbares Schicksal. So, wie unsere so genannten Wahrheiten einmal in uns gewachsen sind, können wir auch neue Wahrheiten in uns wachsen und reifen lassen. Besser wäre es allerdings, wir würden ganz auf Wahrheiten aller Art verzichten. Wir Menschen wissen nicht einmal die Wahrheit über uns selbst und schon gar nicht über Gott, obwohl einige dies behaupten.

Voraussetzung dazu ist zunächst einmal, dass wir uns des engen Gefängnisses bewusst werden, in dem wir sitzen. Dass wir uns öffnen, dass wir erreichbar werden, dass wir uns selbst in Frage stellen und mit einem liebevollen Lächeln auf uns selbst schauen. Dass wir Hausputz halten, wie ich es genannt habe.

Ziehen wir eine erste Zwischenbilanz auf unserem Weg zu mehr Lebensfreude:

1. ***Wir tun uns nichts mehr an, was uns nicht gut tut.*** *(Weder in Familie, im Beruf noch im Umfeld.)*

2. ***Wir erkennen die Eigenverantwortung für unser Leben an.*** *(Weder Eltern, Kinder, weder Partner, Behörden noch sonst jemand ist für unser Wohlergehen verantwortlich.)*

3. ***Unser Wohlbefinden ist unabhängig von unserem äußeren Umfeld.*** *(Entscheidend ist allein, wie wir über uns denken, wie wir zu uns stehen.)*
4. ***Wir wähnen uns nicht mehr im Besitz der Wahrheit.*** *(Es gibt keine Wahrheit, jeder hat seine Wahrheit, und die eine ist so richtig oder falsch wie die andere.)*

Die nächsten fünfzehn Prozent mehr Lebensfreude

Das Leben als Spielplatz nutzen – nicht als Kampfplatz! Siegen, ohne zu kämpfen – der bessere Weg!

15%

Wie oft hört man Menschen sagen, dass sie sich alles hart erkämpfen mussten, dass ihnen nichts in den Schoß gefallen sei usw.! Wie oft hört man Menschen vom täglichen Lebenskampf, vom Daseinskampf oder – in etwas abgemilderter Form – auch vom „Ernst des Lebens“ reden!

Auf dem Weg zu unserem Ziel „100 % mehr Lebensfreude“ sind Kampf und Ernst aber etwas, was der Zielsetzung total entgegensteht. Es sei denn, wir haben Freude am Kämpfen und suchen unsere Selbstbestätigung im Kampf. Damit nähern wir uns dann allerdings wieder sehr deutlich dem Verhalten der Tierwelt, in der z. B. die Rangordnung – das Vorrecht an den Fressnäpfen wie auch das Vorrecht bei der Fortpflanzung – durch Kampf erstritten wird. Der Stärkere hat bei allem das Vorrecht. Allerdings nur, solange er beweisen kann, der Stärkere zu sein. Eine mühsame Angelegenheit, die letztlich immer in einer Niederlage endet.

Natürlich erlebt man im Kampf auch die Genugtuung des Siegens, aber die damit verbundene Freude ist in der Regel nur kurzfristiger

Natur, denn wir werden nicht fortwährend siegen. Selbst wenn wir heute Weltmeister sind, wird morgen ein anderer Weltmeister sein.

Die blutige Nase, die wir heute jemandem beigebracht haben, werden wir mit einiger Sicherheit morgen bei uns selbst beklagen, denn jeder, den wir besiegt haben, wird es uns heimzahlen wollen.

Eine fortwährende Beulenbeschaffungsmaßnahme, so könnte man die Technik des Erkämpfens auch bezeichnen.

Zur Ruhe kommen wir in diesem Kampf so gut wie nie, und indirekt bewahrheitet sich damit natürlich in gewisser Weise sogar das Reden vom „täglichen Lebenskampf". Wie schade! Wir wollten doch tägliche Lebensfreude statt Kampf!

Nun gibt es zu allem Überfluss auch noch das Sprichwort „Viel Feind, viel Ehr". Sprichwörter haben in der Regel immer einen tiefen Weisheitsgehalt, da sie aus der Erfahrung der Menschen gewachsen sind. In diesem Fall können wir allerdings nur von einem tiefen *Dumm*heitsgehalt sprechen.

Wie könnte es einem Menschen zur Ehre gelangen, viele Feinde zu haben? Wäre es nicht eine wesentlich größere Ehre, viele Freunde zu haben?

Vor allem würde sich das im Hinblick auf unsere Zielsetzung „100 % mehr Lebensfreude" positiver auswirken.

Wer den Ablauf meines Lebens kennt – ich habe ihn in einigen meiner Bücher immer wieder einfließen lassen –, der weiß, dass ich es nicht immer leicht hatte, und trotzdem – gekämpft habe ich nie. Ich habe zwar immer mein Ziel im Auge behalten, aber das ist etwas völlig anderes als kämpfen.

Wenn wir z. B. am Bahnhof eine Fahrkarte lösen, sollten wir schon wissen, welches Ziel wir erreichen wollen. Ohne Zielvorstellung bringen wir selbst den braven Schalterbeamten in Verlegenheit, obwohl er uns doch gerne eine Fahrkarte verkaufen würde.

***Ein Ziel vor Augen zu haben ist wichtig.
Aber wenn der Weg zur Erreichung dieses
Ziels aus Kampf besteht,
laufen wir Gefahr, zwischenzeitlich
zu verbluten und nicht anzukommen.***

Es wäre weitaus eleganter, das Erreichen unserer Ziele zu „verursachen“ statt zu erkämpfen, um dann am Ende auch noch über die Fähigkeit zu verfügen, das Erreichen des Ziels zu genießen. Eine Fähigkeit, die beim Kampf meist auf der Stecke bleibt. Es wird unbeirrt weiter gekämpft. Kampf ist zur Lebensphilosophie geworden. Irgendein Kampfpartner wird sich immer finden.

Eine eingefahrene Kampfmaschine kann man nicht einfach abstellen. Sie braucht die Gegnerschaft oder sie beraubt sich ihres Ich-Gefühls, auch wenn sie am Ende nur noch gegen die Familie, den Nachbarn, den Krebs, den zu hohen Blutdruck oder die Magengeschwüre ankämpft.

Glauben Sie mir, ich habe das in meiner täglichen Praxis schon bei vielen Menschen erlebt. „Ich kämpfe, also bin ich – ich lasse mich nicht unterkriegen.“ Hier wird offensichtlich Kampf mit Lebendigkeit und Nichtkämpfen mit Scheintod gleichgesetzt. Ein kaum zu überbietender Schwachsinn.

***Wenn wir unser Ziel nur mit Blessuren und
Verletzungen aller Art erreichen –
und dazu zähle ich vor allem auch die
seelischen Verletzungen –,
haben wir etwas falsch gemacht.***

In diesem Fall haben wir uns wie Narren benommen. Das Heer der Kaputten und Ausgelaugten, die zwar auf der materiellen Ebene vieles erreicht, ihre Lebensfreude dabei aber verloren haben und deren Körper nun unerbittlich sein Recht einklagt – meist zur Freude ihrer Erben –, ist unübersehbar.

Nun werden Sie mir natürlich sagen, dass Ihnen das nicht passieren kann, dass Sie es mit Sicherheit genießen werden, Ihr Ziel erreicht zu haben, aber bis dahin „halt noch durchhalten" müssen. Na, dann halten Sie mal schön durch, wie ich schon an anderer Stelle gesagt habe, und seien Sie ganz sicher, die Kaputten und Ausgelaugten haben auch immer nur „durchgehalten". Sie befinden sich also in bester Gesellschaft.

Bitte verzeihen Sie mir so hässliche Bezeichnungen wie kaputt und ausgelaugt, ich weiß, dass dies absolut uncharmant von mir ist. Heute bezeichnet man so etwas wesentlich verbindlicher als „Stress-Syndrom" oder als „Burnout-Syndrom", und so etwas kann man schließlich haben. Man ist damit keineswegs alleine. Viele haben das heutzutage, und es zeigt doch nichts anderes, als dass man sich immer schonungslos für etwas eingesetzt hat. Also fast schon so etwas wie eine moderne Ehrennadel!

Vergegenwärtigen wir uns bei dieser Betrachtung auch noch einmal das, was wir im ersten Kapitel gesagt haben: „Tun wir uns nichts an, was uns nicht gut tut!" Wir können diese Voraussetzung zur gesunden Selbsterhaltung und Lebensfreude nicht über viele Jahre hinweg in dem Glauben missachten, dass es uns dann dafür irgendwann gut geht. Es wird uns dann nicht gut gehen.

Die Rechnung wird uns gestellt werden. Wir bekommen keine Ausnahmegenehmigung. Diese Gesetzmäßigkeiten funktionieren mit der Präzision eines Schweizer Uhrwerks. Wir können sie auch bedenkenlos mit einem gut funktionierenden Mahnsystem vergleichen.

Die erste Mahnung ist noch relativ harmlos: *„Offensichtlich haben Sie es übersehen … usw.* In der psychosomatischen Übersetzung vielleicht mit einem hartnäckigen Schnupfen, einer Grippe oder Ähnlichem zu vergleichen, die uns für eine Weile aus dem Verkehr ziehen. Wir haben im wahrsten Sinne des Wortes ***„die Nase voll"***.

Die zweite Mahnung fällt schon etwas deutlicher aus: *„Leider haben Sie unsere Erinnerung vom … nicht beachtet.* In der Übersetzung vielleicht so etwas wie ein Magengeschwür oder eine schmerzhafte rheumatische Erkrankung. ***Wir werden immer unelastischer in unserer Haltung, wir versteifen uns, können vieles nicht mehr verdauen usw.***

Die dritte Mahnung lässt dann an Deutlichkeit nichts mehr zu wünschen übrig. *„Wir setzen Ihnen hiermit eine letzte Frist."* Wenn wir auch dies unbeachtet lassen und die Frist zum Ausgleich unserer Konten versäumen, steht unausweichlich der Gerichtsvollzieher ins Haus.

Ungerecht? Für mein Empfinden keineswegs! Ein absolut durchschaubares und gerechtes System, auch wenn dann vielleicht auf Ihrem Grabstein steht, dass sie sich, ohne sich zu schonen, immer für die Firma und ihre Mitarbeiter eingesetzt haben und man Ihnen ein ehrendes Andenken bewahren wird. Was haben Sie davon? Was hatte die Firma davon?

***Haben Sie auch schon
eine Mahnung erhalten?
Dann fragen Sie sich umgehend, warum.
Was haben Sie missachtet?
Was haben Sie falsch gemacht?***

Nun könnte man natürlich sagen, dass jeder mal eine Grippe, einen hartnäckigen Schnupfen oder so etwas haben kann, ohne dazu in seinem Leben gleich etwas falsch gemacht zu haben. Natürlich –

und trotzdem gibt es schon in so banalen Dingen einen unübersehbaren Zusammenhang.

Sind wir mental so richtig gut drauf, sind wir voller Lebenskraft und -freude (und das ist schließlich unser Ziel), ist auch unser Immunsystem so richtig gut drauf und voller Kraft und Saft. Es wird in der Regel mit allen eingedrungenen Krankheitserregern fertig.

Sind wir hingegen weniger gut drauf, schleppen wir uns irgendwie saft- und kraftlos durch, ist auch unser Immunsystem saft- und kraftlos. Jeder Krankheitserreger hat leichtes Spiel mit uns. Unser Immunsystem hat kaum etwas entgegenzusetzen. Wir laufen ja bereits auf Reserve.

Aber gehen wir zu unserem Thema zurück. Ich habe immer wieder vom „Verursachen statt Erkämpfen" gesprochen, und nun wollen Sie natürlich endlich wissen, wie so etwas funktioniert, und dazu muss ich etwas weiter ausholen. Keine Angst, ich werde auch hierbei nicht theoretisieren und immer in der Praxis bleiben.

Wenn wir etwas erschaffen, wenn wir eine bestimmte Vorstellung haben, die wir verwirklichen wollen, wenn wir an der Erreichung eines Ziels arbeiten, dann betrifft dies immer drei ganz verschiedene Ebenen. Unsere rein geistige Ebene, unsere Verstandesebene und unsere körperliche Ebene.

1. Auf der unbegrenzten, geistigen Ebene entsteht z. B. eine Vision, ein Bild, eine Idee oder wie immer wir es nennen wollen. Dies geschieht zunächst völlig unabhängig von unserem Verstand.

2. Unser Verstand schaltet sich erst danach ein und überlegt, ob die Idee für uns überhaupt umsetzbar ist und welchen Weg wir dazu beschreiten sollten. Dabei arbeitet der Verstand immer nur mit den Aufzeichnungen der Vergangenheit. Unsere Vergangenheit wird auf diesem Weg in die Zukunft transferiert.

3. Unsere körperliche Ebene benötigen wir dann zur Manifestation des Zieles in den materiellen Bereich.

Am Anfang steht also immer die unbegrenzte, geistige Ebene. Sie gibt die Initialzündung, sie ist die wichtigste Ebene. Geist steht über Materie. Geist formt Materie. Die Schöpfung ist geistig.

Für alles, was entstehen soll,
ist zunächst die Initialzündung auf
der unbegrenzten, geistigen Ebene
von entscheidender Bedeutung.
Was wir uns nicht vorstellen können,
werden wir auch nicht erreichen.

Wenn wir uns z. B. nicht vorstellen können, jemals wieder ganz gesund zu werden, werden wir auch nie mehr ganz gesund werden. Wenn wir uns nicht vorstellen können, in unserer Sportart jemals eine olympische Goldmedaille zu gewinnen, werden wir auch keine gewinnen. Wenn wir uns nicht vorstellen können, der Vorstandsvorsitzende unserer Firma zu werden, werden wir es auch niemals werden usw. usw. Die so wichtige Initialzündung fehlt. Der Motor springt gar nicht erst an.

Der kritische Punkt in der vorher genannten Reihenfolge liegt immer auf der zweiten Ebene, unserem Verstand. Dazu möchte ich noch einmal klarstellen, dass unser Verstand zu seiner Urteilsfindung immer und ausschließlich mit den Erfahrungen unserer Vergangenheit arbeitet, die sämtlich fein säuberlich in unserem Unterbewusstsein gespeichert sind. Für unseren Verstand sind diese Aufzeichnungen so etwas wie die Software eines Computers. Was in dieser Software nicht enthalten ist, kann der Computer nicht ausführen.

Wir können auf unserer unbegrenzten, geistig-seelischen Ebene, unserem wahren Ich, noch so großartige Ideen, Vorstellungen und Visionen produzieren, wenn unser begrenzter Verstand deren Umsetzung aufgrund der Aufzeichnungen unseres Unterbewusstseins für unmöglich hält, laufen wir gegen eine Wand. Wir treten auf der Stelle und kommen keinen Millimeter weiter. Die Vergangenheit hält uns fest. Unser Verstand hält unsere großartigen Eingebungen lediglich für Spinnereien.

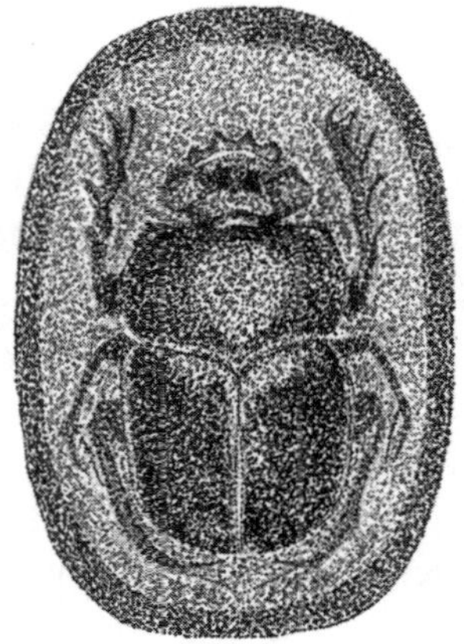

Wir hatten halt nie Glück – wir hatten halt nie Geld – wir finden halt nie den richtigen Partner – es ist uns noch nie was Großartiges gelungen – wir sind halt nicht von bester Gesundheit – wir gehören halt zu den kleinen Leuten – oder wie immer unsere Aufzeichnungen auch lauten mögen.

Das heißt nun nicht, dass jeder, der sich vorstellen kann, der Vorstandsvorsitzende einer Firma zu werden, dies dann auch in Wahrheit wird. Es wird immer nur ein einziger gebraucht. Aber es besteht zumindest die Chance dazu, wogegen keinerlei Chance besteht, wenn wir so etwas von vornherein ausschließen. Selbst wenn man uns dazu vorschlüge, würden wir in diesem Fall das Angebot erschrocken abwehren – wir als Vorstandsvorsitzender, unmöglich.

Wenn Ihnen der Vorstandsvorsitz in diesem Beispiel als zu hoch erscheint, nehmen Sie halt einen Vereinsvorsitz oder Ähnliches. Die Mechanismen sind immer und überall die gleichen.

***Erst wenn wir unseren begrenzten Verstand überlisten,
erst wenn wir neue Wege und Zielsetzungen überhaupt für möglich halten,
kann sich in unserem Leben etwas ändern.***

Das heißt, dass wir logischerweise den alten Erfahrungen, deren unser Verstand sich bisher bedient hat, neue Erfahrungen, die in eine andere Richtung laufen als die bisherigen, hinzufügen müssen – und dies geht leider nur in kleinen Schritten.

Wer einen weiten Weg hat, der läuft nicht. Wir müssen uns der Enge unseres bisherigen Verhaltens bewusst werden, unser gesamtes Denken und Handeln während des Tagesablaufs durchleuchten und zum kritischen Beobachter unserer selbst werden.

Ich werde die Technik der Selbstanalyse und Umwandlung bestehender Verhaltensstrukturen am Ende des Buches unter dem Kapitel „Ein paar kleine Hilfen" noch ausführlich beschreiben.

***Wir müssen den Käfig, in dem wir stecken
und der uns zur Gewohnheit
geworden ist, enttarnen.
Wir müssen ein neues Bewusstsein
in unser Leben bringen.***

Wenn wir bisher nur gekämpft haben, werden wir nicht gleich ab morgen zum Friedensengel mutieren. So etwas würde uns auch niemand abnehmen. Wir haben uns selbst in eine Schublade einsortiert, aus der wir jetzt nur stufenweise herauskommen.

***Es ist nichts schwieriger, als das eigene
Verhalten zu ändern.
Deshalb arbeiten die meisten Menschen
auch viel lieber am Verhalten anderer.***

Erinnern Sie sich bitte noch einmal an das Beispiel mit dem Lösen einer Fahrkarte am Schalter. Sie haben dem Schalterbeamten ein Ziel genannt, Sie haben bezahlt und er hat Ihnen eine Fahrkarte dorthin ausgehändigt. Eine klassische Ursachensetzung also. Der Zug wird in zehn Minuten auf Gleis drei einfahren. Sie sind bereit.

Mögliches Verhalten I

Der Zug läuft ein. Sie suchen sich einen Platz am Fenster und freuen sich darauf, in einigen Stunden am Ziel zu sein. Sie haben ganz klar das Bild vor Augen, wie Sie dort abgeholt werden. Tante Frieda wird ganz bestimmt wieder ihren Hund dabei haben, der sie auch sofort wiedererkennen wird. Sie freuen sich schon auf die Spaziergänge mit diesem Hund und auch auf Tante Friedas herrlichen Nachmittagskuchen, auch wenn sie damit manchmal ein wenig lästig wird. Vor allem mit ihren endlosen Familiengeschichten – und auch der Nachbar wäre ja im vorigen Jahr beinahe … usw.

Auch als Sie nun erfahren, dass der Zug wegen einer Weichenstörung umgeleitet werden muss, kümmert Sie das nicht im Geringsten. Sie wissen, dass Sie ankommen, dass Tante Frieda auf dem Bahnsteig über die kleine Verspätung sicher informiert wird und dann vielleicht noch irgendwo einen Kaffee trinkt. Sie leben sozusagen im „Endergebnis". Ein wichtiger Begriff, der noch des Öfteren auftauchen wird.

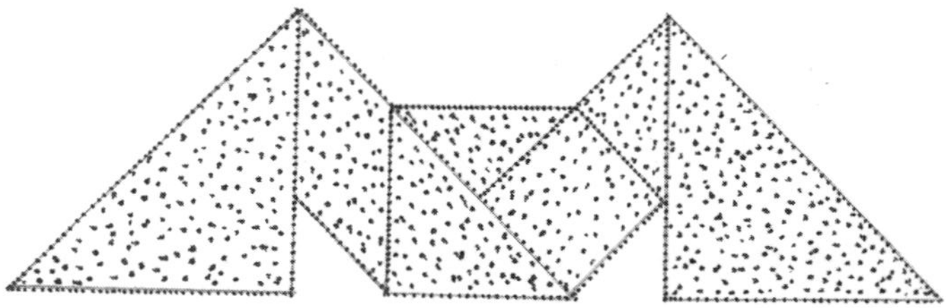

Mögliches Verhalten II

Sie lösen eine Fahrkarte und erkundigen sich dabei vorsorglich, ob der Zug auch keine Verspätung hat. Der Schalterbeamte antwortet Ihnen, dass ihm davon nichts bekannt sei. Ein erster Ärger steigt in Ihnen hoch. Wieso ist ihm davon nichts bekannt, schließlich ist er doch dazu da, dass ihm so etwas bekannt ist. Sie als Kunde haben doch ein Recht auf eine korrekte Antwort. Schließlich wollen Sie pünktlich sein. Sie gehen zum Bahnsteig.

Zur Vorsicht fragen Sie nun auch noch einen uniformierten Bahnbediensteten auf dem Bahnsteig, dessen Mütze die Aufschrift „Auskunft" trägt. Er bejaht zunächst Ihre Frage, ob Sie auf dem richtigen Bahnsteig sind, und von einer Verspätung wisse er auch nichts. Tolle Auskunft – lauter Nichtwisser! So etwas möchten Sie sich in Ihrem Beruf auch einmal leisten können!

Der Zug rollt ein und Sie nehmen Platz, nicht ohne zu überlegen, wo es wohl am sichersten sei – vorne, vielleicht hinten oder doch in der Mitte? Sie entscheiden sich für die Mitte. Der Zugschaffner kommt, und Ihre erste Frage an ihn ist, ob der Zug auch pünktlich am Ziel und dort auch auf dem richtigen Bahnsteig eintreffen wird. Schließlich haben Sie ja die Erfahrung gemacht, dass man sich auf nichts und niemanden verlassen kann, und zudem werden Sie ja auch abgeholt. Sie haben das Recht auf eine korrekte Auskunft.

Es scheint nicht Ihr Tag zu sein. Auch er antwortet wieder, dass ihm nichts Gegenteiliges bekannt sei. Als Sie dann wenig später über Lautsprecher erfahren, dass der Zug wegen einer Weichenstörung umgeleitet werden muss, ist Ihr Maß voll. Sie stürmen durch die Waggons und suchen den Schaffner. Sie schreien ihn an, dass Sie sich beschweren werden und die Bahn für jeden Schaden, der Ihnen entsteht, haftbar machen. Sie toben herum und bezeichnen die Bahn als einen Laden voller Nichtwisser usw. Die anderen Fahrgäste fühlen sich gestört und beschweren sich ihrerseits.

Auch beim Zugschaffner, den Sie in Ihrem Zorn beleidigt haben, ist das Maß voll. Er verständigt über Funk die Bahnpolizei und lässt Sie im nächsten Bahnhof wegen Randalierens aus dem Zug holen. Ihr Ziel erreichen Sie zumindest an diesem Tag nicht mehr.

Sicher eine extreme Darstellung, aber so ganz aus der Luft gegriffen ist sie trotzdem nicht, und mir kam es allein darauf an, die beiden hinter den Darstellungen stehenden unterschiedlichen Prinzipien deutlich zu machen.

Verhalten I

Zielsetzung – loslassen – geschehen lassen, fließen lassen und absolutes Vertrauen in das Erreichen des Ziels.

Verhalten II

Zielsetzung – Kontrolle und Kampf, um die Erreichung des Ziels zu erzwingen und abzusichern.

Die Ausgangssituation war in beiden Fällen gleich. Beide lösten eine Fahrkarte nach Hamburg, wenn wir dieses Ziel einmal gelten lassen wollen. Beide wussten, dass sie dort abgeholt würden. Beide saßen im selben Zug und beide erfuhren von der Umleitung durch eine Weichenstörung.

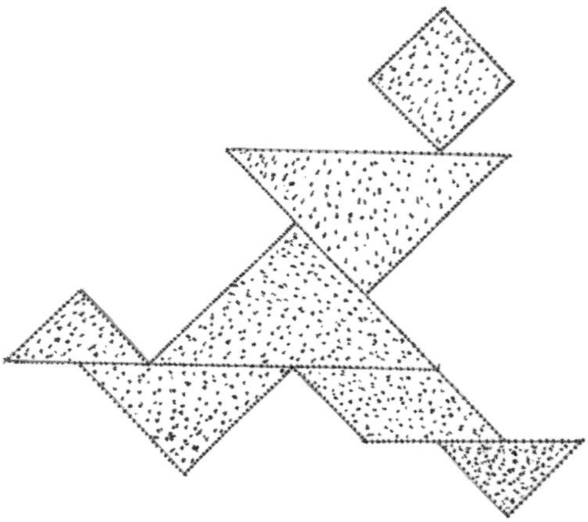

Einer erreicht sein Ziel mit ungetrübter Vorfreude, bequem und entspannt, der andere kämpft, sichert ab, wo er nur kann, ärgert sich und wird auf halber Strecke aus dem Verkehr gezogen.

Nun könnte man darüber schmunzeln, wenn es nicht gleichzeitig so traurig wäre. Wir können noch so kämpfen, es gibt immer Umleitungen und nicht nur gerade Wege.

Das ganze Leben ist so etwas wie eine endlose Folge von Umleitungen. Wir können mit jeder Umleitung kämpfen und hadern,

oder wir können sie einfach akzeptieren.Die Kunst des stressfreien Lebens besteht darin, Umleitungen gelassen zur Kenntnis zu nehmen und sich der Erreichung des Zieles sicher zu bleiben. Wenn nicht auf diesem Weg, dann eben auf einem anderen Weg!

Das heißt „elastisch bleiben". Das Weiche und Elastische ist das Zeichen des Lebens. Das Starre und Unnachgiebige ist das Zeichen des Todes. Ein Baum, der starr und unnachgiebig im Sturm steht, wird brechen. Ein Baum, der elastisch und nachgiebig im Sturm steht, wird sich immer wieder aufrichten. So drückt es sinngemäß Laotse in seinem „Tao te King" aus.

Starrheit und Unnachgiebigkeit sind keinesfalls Zeichen der Stärke. Starrheit und Unnachgiebigkeit sind Zeichen der Schwäche.

Wer wirklich stark ist, der kämpft nicht. Er steht über den Dingen und genießt das Leben wie ein spannendes und faszinierendes Spiel. Er erreicht sein Ziel spielerisch und nicht kämpferisch. Statt Ärger bezieht er Freude aus dem Spiel des Lebens, und das Thema Lebens-„Freude" ist ja das zentrale Anliegen dieses Buches.

Also, schauen Sie einmal kritisch auf Ihre Verhaltensmuster. Wo haben Sie sich versteift, wo sind Sie unelastisch geworden, wo kämpfen Sie täglich einen sinnlosen und energiefressenden Kampf?

Schauen Sie alle Bereiche Ihres Lebens an: Familie, Partnerschaft, Beruf usw. Schauen Sie auch das Bild an, das Sie von sich selbst und der Welt haben. Es ist nichts anstrengender, als täglich das eigene Denkmal zu polieren und zu schützen. Schauen Sie auch auf Ihre sogenannten Wahrheiten, die Sie möglicherweise hartnäckig verteidigen, auch auf Ihre politischen, moralischen und religiösen Überzeugungen usw.

Wenn Sie sich irgendwo im Kampf sehen – beenden Sie diesen Unfug – sofort!

Das Leben ist zu kurz und zu schade, um es mit Kampf zu vergeuden.

Schaffen Sie sich Freunde statt Feinde. Helfen Sie anderen Menschen, damit auch Ihnen geholfen wird. Das, was Sie aussenden, wird zu Ihnen zurückkommen, das, was Sie säen, werden Sie ernten!

Auch dazu möchte ich Ihnen noch ein Beispiel aus meiner Praxis nahebringen. Einem Ehepaar, Anfang dreißig, das sich sehnlichst Kinder wünschte, blieb dieser Wunsch bislang trotz aller Anstrengungen versagt. Organisch bestanden nach Auskunft der Fachärzte, die sie reichlich konsultiert hatten, eigentlich keine großen Hindernisse und sie hatten alle ihnen nahegelegten Techniken ausprobiert.

Sie erzählten mir, dass der Ehemann z. B. an bestimmten Tagen mittags aus dem Büro kurz nach Hause kam, weil zu diesem Zeitpunkt eine Befruchtung möglich sein sollte. Auch zwei künstliche Befruchtungen blieben erfolglos. Die Frucht war jedes Mal wieder abgestoßen worden.

Sie hatten also wirklich um den erwünschten Kindersegen gekämpft und alles in ihren Kräften Stehende getan, hatten keine Technik ausgelassen, waren allen Empfehlungen gefolgt, und trotzdem blieb ihnen ihr Wunsch versagt. Warum?

Da keine erkennbaren körperlichen Hindernisse bestanden, konnte die Lösung nur auf der geistig-seelischen Ebene liegen. Hier lag sie dann auch, und der Weg zu dieser Lösung war sogar relativ einfach:

Ich habe Ihnen dringend geraten, den Kinderwunsch völlig aufzugeben, und ihnen dabei mit allen mentalen Techniken des Loslassens geholfen. Das Thema Kinder oder keine Kinder wurde vom zentralen und lebensbeherrschenden Thema immer mehr zu einem Nebenthema. Natürlich hätten sie gerne ein Kind gehabt, aber wenn nicht, dann eben nicht. Sie begannen sich allmählich beide wieder selbst zu genügen und die eigene Wertvorstellung nicht mehr an das Thema Kinder zu knüpfen.

Die gesamte Situation entkrampfte. Empfanden sich die beiden Eheleute vorher zeitweilig wie eine Produktionsgemeinschaft, die endlich ein befriedigendes Ergebnis zu erzielen hatte, was einen ungeheuren Druck auf beide ausübte und zeitweilig sogar als entwürdigend empfunden wurde, so entwickelte sich jetzt wieder so etwas wie Nähe, Zuneigung, Liebe und Zärtlichkeit zwischen den beiden Partnern.

Eine Entkrampfung auf allen Ebenen. Das ganze Kinderthema wurde losgelassen. Der Geschlechtsverkehr zwischen den beiden wurde von einem zeitweilig hochtechnisierten Vorgang wieder zu dem, was er eigentlich sein sollte, ein Ausdruck von Liebe, Nähe, Vertrautheit und Zärtlichkeit zwischen zwei Menschen.

In dieser neuen Atmosphäre ging dann – völlig unerwartet – auch der Kinderwunsch in Erfüllung. Und zwar ohne jede Komplikation. Es war ein Mädchen. Vielen Problemen auf der sexuellen Ebene liegen seelische Blockaden zugrunde, und es hat in solchen Fällen wenig Sinn, ausschließlich auf der körperlichen Ebene zu experimentieren.

Ich bin überzeugt, Sie verstehen nun den entscheidenden Unterschied zwischen erkämpfen und verursachen. Verursachen bedeutet, dass Sie ganz klar ein Ziel im Auge haben und wissen, dass Sie dieses Ziel eines Tages erreichen werden.

Natürlich arbeiten Sie ganz bewusst in die Richtung dieses Zieles, lassen dabei aber jede Umleitung, jede Verzögerung und mögliche Abweichungen zu, denn Sie wissen ja, dass Sie ankommen. Sie leben sozusagen im Endergebnis. Und wenn das Ziel nicht haargenau erreicht werden sollte, dann wird es zumindest in etwa so sein. Wozu sollten Sie also kämpfen?

Kampf macht blind. Sie haben eine Vorstellung davon, wie etwas zu sein hat, und übersehen dabei die Nebenwege, die unter Umständen noch schneller zum Ziel oder sogar zu einem noch erstrebenswerteren Ziel führen. Sie sind wie ein Stier, der gegen das rote Tuch anrennt.

Räumen Sie gründlich auf. Machen Sie Putzlappen aus solchen roten Tüchern, auch wenn Sie sie teuer eingekauft haben sollten.

Die nächsten fünfzehn Prozent mehr Lebensfreude

Es gibt unendlich viele
arme reiche Leute.
Geld allein ist keine
Garantie für Lebensfreude.
Wahrer Wohlstand ist,
wenn alle Dinge zum Wohle stehen!

15%

Der extremste Fall, den ich im Zusammenhang von Geld und Lebensfreude in meiner Praxis je erlebt habe, war ein etwa 40 Jahre alter Mann, der über ein Vermögen von mehreren Milliarden Euro verfügte, wie ich leider erst später in einem Focus-Artikel über Europas Reiche und Superreiche erfuhr. Hätte ich das vorher so konkret gewusst, hätte ich gerne – und ohne jedes schlechte Gewissen – mein Honorar etwas erhöht, was Sie an meiner Stelle sicher auch getan hätten.

Geld hatte dieser Mann ohne Zweifel mehr als genug, Freude am Leben hatte er dafür – und das ebenso ohne Zweifel – leider gar nicht. Dafür machte er sich umso mehr Sorgen über den Erhalt des Vermögens und den Zusammenhalt der Familie, für die er sich verantwortlich fühlte und die doch so große Erwartungen in ihn steckte. Er versuchte immer dem Bild seines verstorbenen Vaters gerecht werden, der dieses Vermögen einmal aufgebaut hatte, und dieses Bild erdrückte ihn nahezu.

Zunächst kam seine Lebensgefährtin zu einer Intensivwoche zu mir, und dann ging auch er das Wagnis einer solchen Woche ein. Die Vorhut hatte wohl positiv berichtet und damit sicher auch selbst die Hoffnung auf eine Änderung in ihrer Beziehung verbunden, denn diese war eher als eine Geschäftsbeziehung mit gegenseitigen sexuellen Ansprüchen zu bezeichnen als eine auf Liebe und Nähe gegründete Zweisamkeit zwischen zwei Menschen. Eine Heirat war wegen der Standesunterschiede mehr oder weniger ausgeschlossen. So etwas hätte vorher sein Vater – und nach dessen Tod die Familie – nie akzeptiert.

Das Zulassen und Zeigen von Gefühlen galt auf der Seite dieses Mannes als so gut wie verboten. So hatte man ihn jedenfalls erzogen – ein undurchdringliches Pokerface. Auf Eliteschulen hervorragend geschult, mit der Fülle des Geldes umzugehen und es zu verwalten, aber völlig ungeeignet, mit der Fülle des Lebens umzugehen oder davon auch nur ein wenig zu erhaschen. Leben hatte ihn niemand gelehrt. Geld war Leben und Leben war Geld. Die Form einer ganz besonderen Armut.

Schon die Ehe seiner Eltern war wohl so etwas wie eine Geschäftsbeziehung mit Zeugungs- und Gebärverpflichtung. Schließlich brauchte das angehäufte Familienvermögen einen Nachfolger. Mit seinen Bankkonten hätte ich gerne getauscht, mit seinem Leben wollte ich nicht einen einzigen Tag tauschen, nicht einmal aus Neugier.

Ich bezweifle sehr stark, dass die Woche bei mir den beiden etwas genutzt hat, obwohl ich in anderen Fällen nach einer solchen Intensivwoche wunderbare Wandlungen beobachten kann. Vor allem bei Paaren, die sich dann auf der Basis des Erlernten gegenseitig helfen können. Aber zu tief saßen hier die eingefahrenen Verhaltensstrukturen, und erschwerend kam hinzu, dass ihr Umfeld ein anderes Verhalten auch kaum mehr zuließ. Die Rollen waren fest verteilt, das Kostüm saß fest, wie angegossen.

Aber manchmal dauert es eben etwas länger, denn wenn man einmal etwas erkannt hat, arbeitet es in einem und schafft dann doch noch irgendwann den Durchbruch für eine Neuordnung. Einfach ignorieren kann man gewonnene Einsichten auf Dauer nicht. In einem Leben ist es nie zu spät. Besser ist allerdings, man führt die notwendigen Korrekturen etwas frühzeitiger durch, denn dann hat man noch etwas davon.

Ähnliche Probleme haben Sie, verehrter Leser, sicher nicht, obwohl die Dinge im Größten wie im Kleinsten immer gleich sind. Jedenfalls greifen die dahinter stehenden Mechanismen immer in der gleichen Weise. Wie im Größten – so im Kleinsten.

Ob es sich dabei z. B. um 4,2 Milliarden, 4,2 Millionen, 420 000, 42 000, 4200 oder lediglich 420 Euro handelt. Die 420 Euro können in einer bestimmten Lebenssituation den gleichen Stellenwert besitzen und einen Menschen genauso vereinnahmen wie die 4,2 Milliarden.

Geld ist an sich ohne Wert.
Man kann es nicht einmal essen.
Erst wir geben dem Geld den Wert,
den es für uns hat.

Erst wir bestimmen, was Geld für uns bedeutet. Wird die Sammlung und Mehrung des Geldes zum Selbstzweck oder dient das Geld unserem Leben? Benutzen wir unser Geld als eine Energie, mit der wir etwas bewegen können, oder stauen wir diese Energie lediglich auf?

Haben wir das Geld – oder hat das Geld uns?

Nun wird mancher sagen, dass sich ein solches Problem für ihn leider nicht stellt, da bei ihm sowieso immer nur zu wenig Geld da sei. Die Gefahr, dass das Geld ihn hat – statt umgekehrt –, sei damit erst gar nicht gegeben, und auch die Gefahr, dass sich etwas ungenutzt ansammeln könnte, sei leider nirgendwo zu erkennen.

Leider eine völlige Fehleinschätzung, die auf den ersten Blick sogar durchaus logisch erscheint. Schauen wir uns das einmal etwas tiefergehend an.

Was bedeutet es, wenn jemand behauptet, dass bei ihm immer nur zu wenig Geld da sei? Stellen wir einfach einmal die Gegenfrage, wann wäre denn genügend Geld da?

Glauben Sie mir, wenn jetzt nicht „genügend Geld“ da ist, wird nie genügend Geld da sein, denn „genügend“ ist allein eine Frage des persönlichen Maßstabes, und dieser Maßstab ändert sich bei den meisten Menschen ständig. Er ist wie eine Spirale, die sich immer nur nach oben windet.

„Genügend Geld“ ist keine Frage der Höhe eines Betrages, genügend Geld ist immer dann da, wenn es „uns genügt“.

Nun wird auch hier wieder mancher sagen, dass es ihm nun mal leider nicht genügt, denn … Aber wann würde es dann genügen? Würde es uns z. B. genügen, wenn wir es endlich geschafft hätten, unser Haus im Grünen zu bauen? Ich bezweifle dies, denn dann wäre vielleicht nicht mehr „genügend Geld“ da, den Garten anzulegen, die Doppelgarage zu bauen und auch das Grundstück nebenan zu erwerben, damit dann später die Kinder … usw. usw.

Selbst wenn noch „genügend Geld“ da wäre, den Garten anzulegen, die Doppelgarage zu bauen und das Grundstück nebenan zu erwerben, wäre dann vielleicht nicht mehr „genügend Geld“ da, in Urlaub fahren zu können, obwohl man den doch gerade jetzt so dringend brauchen würde. Wären wir dann zufrieden?

Selbst wenn Sie jetzt aus ganzem Herzen sagen, dass Sie dann zufrieden wären – ich garantiere Ihnen, dass Sie nach einiger Zeit genau so unzufrieden wären, wie Sie es auch schon vorher waren. Sie haben sich auf der Spirale so weit nach oben geschraubt, dass es nun immer schwieriger wird, das, was als „nicht genügend“ empfunden wird, auszugleichen.

Selbst wenn z. B. noch „genügend Geld“ für einen Last-Minute-Mallorca-Urlaub vorhanden wäre, können Sie sich nun so etwas in Ihrer Position nicht mehr leisten. Es müssten zumindest die Malediven sein, um mitreden zu können. Also verzichten Sie halt auf „ärztlichen Rat“ auf einen so großen Klimawechsel, wie er mit den Malediven verbunden wäre, oder wie auch immer Sie sich ohne Imageverlust aus der Affäre zu ziehen gedenken.

Etwas als „nicht genügend“ zu bewerten ist allein eine Frage unseres ganz persönlichen Maßstabes, und der verändert sich ständig. Nicht unwesentlich trägt dazu die Werbewirtschaft bei, die uns in immer verlockenderen Bildern suggeriert, was uns alles noch fehlt.

Eine Weile gehörte ich ja selbst zu diesen Experten, was die meisten meiner Leser wissen. 1986 schied ich als „Direktor of Marketing and Sales International“ eines Satelliten-Fernsehprogramms aus dem aktiven Management aus. In diesem Job hatten ich und meine Mitarbeiter den Menschen klar zu machen, dass sie mit einem zusätzlichen Pay-TV-Programm noch glücklicher und zufriedener leben würden, wofür ich mich noch nachträglich entschuldige. Ich habe niemanden erlebt, der deshalb tatsächlich glücklicher wurde.

Lassen Sie mich das System dieser Spirale noch einmal verdeutlichen: Leidet z. B. ein Mensch eine Zeit großen Hunger, wird es ihm „genügen“ – ja, es wird ihm sogar verlockend erscheinen –, einmal am Tag eine ausreichende Mahlzeit zu bekommen. Aber nur so lange, bis er seine Situation mit anderen vergleicht und feststellt, dass ihm dies doch nicht genügt und es mindestens zwei Mahlzeiten pro Tag sein sollten.

Während der Zeit seines Hungers hätte er die, die zwei Mahlzeiten bekommen, zutiefst beneidet und womöglich sogar beschimpft. Nun, selbst im Genuss der zwei Mahlzeiten, bemängelt er womöglich die phantasielose Gleichförmigkeit der ihm gereichten Mahlzeiten und vielleicht auch noch den fehlenden Nachtisch.

Nehmen Sie diese Beispiele nicht so ernst. Sie sollen lediglich helfen, Mechanismen aufzuzeigen, die allzu menschlich sind. Auf jeder Stufe der sozialen Leiter werden wir immer etwas entdecken, zu dem leider nicht „genügend Geld“ da ist.

Der Weg in die Unzufriedenheit
beginnt damit,
dass wir uns mit anderen vergleichen,
dass wir vornehmlich das sehen,
was wir nicht haben,
und das übersehen, was wir haben.

Verzeihung, wenn ich so hartnäckig bin. Selbst wenn Sie glauben, dies nun wirklich verstanden zu haben, ich möchte es noch deutlicher machen und nehme mich dazu gerne selbst als Beispiel. Das Durchschauen dieses Mechanismus, der immer und ausschließlich in die Unzufriedenheit führt, ist von enormer Wichtigkeit:

Wenn ich mich selbst betrachte, geht es mir gut. Auch nicht „eigentlich gut", einfach nur gut. Ich bin gesund, zumindest ist mir nichts Gegenteiliges bekannt – und wenn nicht, dann möchte ich es auch gar nicht wissen. Ich lebe in einer der schönsten Landschaften Deutschlands, dem oberbayerischen Chiemgau.

Ich habe eine schöne Wohnung, hege und pflege mit Liebe meinen Garten und dort vor allem meine Rosen, freue mich am Abend auf einen guten Tropfen Rotwein, fahre mit meinem Motorroller durch die Chiemgauer Berge, mache mit meiner Frau einen Sommer- und einen Winterurlaub und tauche dann und wann einmal in das Stadtleben von München ein.

Meine Bücher sind erfolgreich, und ich kann damit – wie auch in meiner Praxis – vielen Menschen auf ihrem eigenen Weg helfen. Ich danke Gott täglich für die Gnade meines Lebens.

Wenn ich jetzt allerdings den Fehler machen würde, mich umzusehen und festzustellen, was ich alles nicht habe, könnte ich leicht in eine tiefe Depression verfallen und über mein armseliges Leben jammern. Dazu muss nicht einmal Bill Gates als Vergleich herhalten.

Leider habe ich z. B. kein Schiff auf dem Chiemsee, obwohl mir Schiffe aus meinem Lebensabschnitt in Irland, wo ich eine hochseetaugliche Yacht besaß, doch so vertraut sind. Auch wenn ich z. B. auf Ibiza bin und durch den Yachthafen von St. Eularia oder Eivissa streife, kann ich immer nur zuschauen und selbst leider kein Schiff bewegen. Leider ist nicht genügend … Sie wissen schon.

Leider besitze ich auch nur einen Motorroller und keine Honda-Goldwing, mit dem ich durch die Chiemgauer Berge fahre, obwohl ich eine solche Goldwing doch so gerne hätte. Leider ist nicht genügend … Sie wissen schon.

Wirklich teuren Rotwein kann ich mir auch nicht leisten, und wenn wir in Urlaub fahren, gilt das Gleiche auch für die Hotels, in denen wir wohnen. Leider ist nicht genügend … Sie wissen schon.

Leider besitze ich auch kein Appartement in München, obwohl das doch so praktisch wäre, und die Auflage von Harry Potter ist immer noch gewaltig höher als die Auflage meiner Bücher, obwohl man doch aus meinen Büchern etwas lernen kann und Harry Potter nur eine Phantasiewelt vorgaukelt. Welche Ungerechtigkeit! „Gott meint es wirklich nicht gut mit mir“ – so könnte ich meine Klagen endlos fortsetzen.

Aber welch ein Unsinn! Warum sollte ich das tun? Es gibt allerdings wahre Weltmeister in dieser Zerstörungskunst, und wenn es solchen Künstlern einmal einen Moment richtig gut geht, erschrecken sie sogar darüber und äußern besorgt, dass sie das bestimmt wieder alles büßen müssen. Es gibt sogar so etwas wie die Angst vor dem, was wir als Lebensfreude und Glücklichsein bezeichnen. Aber das ist im Moment nicht unser Thema. Ich werde das später noch einmal aufgreifen. Bleiben wir beim Geld.

Solange wir uns mit anderen vergleichen, wird immer etwas fehlen. Hören wir also auf, uns zu vergleichen, und schauen wir auf das, was wir haben, und nicht auf das, was wir nicht haben.

Jemand, der in der Endlos-Spirale noch etwas unter Ihnen steht, würde sofort mit Ihnen tauschen wollen. Für ihn ist das, was Sie haben, genau so verlockend wie das, was ein anderer hat, für Sie möglicherweise verlockend ist. Ankommen kann man in diesem System nie.

Nehmen Sie Ihre roten Putzlappen und räumen Sie auch in diesem Feld gründlich auf.

Die Angst vor dem Geldverlust.

Je weniger man von etwas hat, desto sorgfältiger wird man es vermutlich hüten. Ist das nun richtig oder falsch? Es ist falsch, und ich will Ihnen gerne erklären, warum es falsch ist.

Wenn Sie Angst haben, Ihr Geld zu verlieren, sind Sie bereits auf dem besten Weg, es zu verlieren. Gleichgültig, ob sich Ihre Angst nun um das Geld in Ihrer Tasche oder das Geld auf Ihrem Konto dreht. Mit Ihrer Angst sprechen Sie so etwas wie eine Einladung aus.

***Angst zieht immer das an,
wovor wir Angst haben.***

Mit Angst setzen wir eine geistige Energie – oder wir können es richtiger als Schwingung bezeichnen – in die Welt, die ihrerseits die gleiche Energie oder Schwingung anzieht. Gleiches zieht Gleiches an – Ungleiches stößt einander ab. Die Angst vor Krankheit z. B. zieht Krankheit nahezu magisch an. Mit der Angst bereiten wir einer Krankheit ein ideales Spielfeld. Sie zieht sozusagen schon in unsere Gedanken ein, bevor sie in Wirklichkeit da ist.

Warum beschäftigen wir uns mit dem Thema Geldverlieren, wenn es uns doch um das genaue Gegenteil geht, nämlich kein Geld zu verlieren? Warum erlauben wir diesem Thema überhaupt in unserer Gedankenwelt Platz zu nehmen?

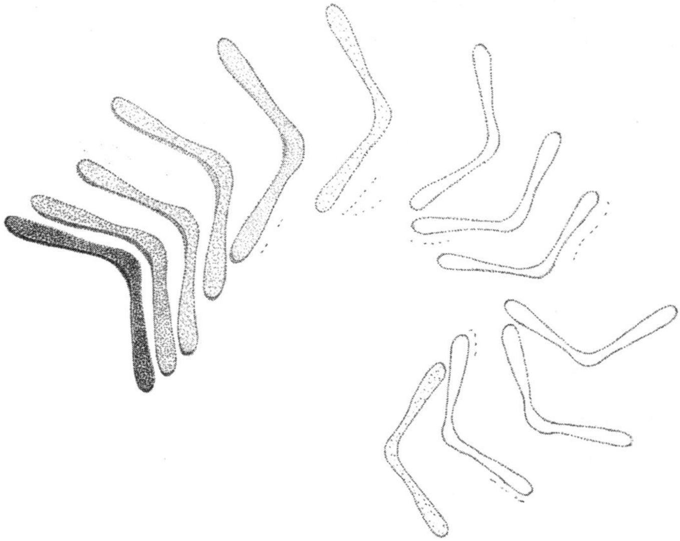

Warum beschäftigen wir uns mit etwas,
was wir nicht wollen,
statt mit dem, was wir wollen?

Wir wollen doch Geld haben, es nach Möglichkeit sogar mehren und Freude daran haben. Wäre es dann nicht vernünftiger, dass dieses positive Thema – statt der negativen Verlustangst – in unserer Gedankenwelt Platz nimmt? Das, was sich in unserer Gedankenwelt dreht, sucht immer nach Umsetzung, sucht immer nach Verwirklichung.

Ich habe es schon in anderen Büchern erklärt: Unser Unterbewusstsein kennt keine Verneinung. Es ist, wie wenn wir einem Ober zurufen: „Herr Ober, zwei Bier bitte nicht." Er wird uns zwei Bier bringen. Er kann sich nicht vorstellen, dass wir kein Bier wollen, obwohl er doch klar und deutlich „Bier“ gehört hat. Ich habe dieses Beispiel auch schon in einem vorherigen Kapitel gebraucht. Es ist in seiner Einfachheit kaum zu überbieten.

Also „kein“ Geld verlieren heißt für unser Unterbewusstsein „Geld verlieren“, das „kein“ wird nicht wahrgenommen, und durch irgendeine unbewusste Schusseligkeit werden wir es dann auch verlieren. Ungerecht? Nein, einfach nur logisch, wenn man um die Zusammenhänge weiß.

Wer z. B. Angst hat, im Straßenverkehr überfahren zu werden, wird sich so verkrampft und ängstlich verhalten, dass er nahezu prädestiniert ist, im Straßenverkehr überfahren zu werden. Sie kennen die Menschen, die zweimal vor und dreimal wieder rückwärts gehen, selbst wenn sie an einem Zebrastreifen stehen.

Geld gedeiht niemals in einem Energiefeld
der Angst, der Unsicherheit,
des Mangels und der Enge.
Geld braucht Raum,
Geld braucht Freiheit.
Geld gedeiht nicht in einem Käfig.

Es ist, wie wenn Sie einen freilebenden Vogel in einen engen Käfig sperren. Sie ziehen ihn damit aus dem Verkehr. Er kann sich nicht vermehren. Er zieht keine anderen Vögel an, und selbst dann, wenn er sie anziehen würde, kämen sie nicht zueinander. Sie haben Gitter zwischen den Vögeln aufgebaut, und auf eine Vermehrung hoffen Sie deshalb vergebens.

Sollte man dann also recht freizügig und unkontrolliert mit seinem Geld umgehen? Nein, das wäre genauso falsch. Das Geheimnis des richtigen Umgangs mit Geld liegt in der Mitte dieser beiden möglichen Verhaltensmuster. Freizügig ja – aber in festen Grenzen, kontrolliert ja – aber ebenfalls in festen Grenzen.

Prüfen Sie, was zu prüfen ist,
überlegen Sie, was zu überlegen ist,
wägen Sie ab, was abzuwägen ist,
entscheiden Sie dann – und lassen Sie los.

Erst dieses Loslassen bringt die Freiheit, die zu jeder Entwicklung notwendig ist. Wenn Sie nicht loslassen und die Phase des Prüfens, Kontrollierens und Absicherns fortwährend aufrechterhalten, würgen Sie jede positive Entwicklungsmöglichkeit schon im Ansatz ab. Sie stehen sich selbst im Wege, und dies gilt nicht nur für das Thema Geld. Ich habe die Notwendigkeit des Loslassens in meinem Buch „Leben heißt Loslassen" ausführlich behandelt: Loslassen in der Eltern-Kind-Beziehung, Loslassen in Partnerschaften, Loslassen von materiellem Besitz, Loslassen eigener Überzeugungen und Vorstellungen usw.

Machen Sie Geld zu einem Freund, den Sie immer bei sich tragen, so wie Sie womöglich das Bild Ihrer Partnerin, Ihres Partners, Ihrer Kinder oder wen oder was auch immer bei sich tragen. Gewöhnen Sie sich aneinander, auch – oder gerade – wenn Sie sich in einer Phase knappen Geldes befinden. Dies ist kein Widerspruch.

Machen Sie auf keinen Fall den Fehler, immer nur so viel Geld bei sich zu tragen, wie Sie vermutlich an diesem Tag gerade brauchen.

Auch wenn Sie den Rest vorsichtshalber zu Hause lassen, damit Sie ihn nicht verlieren und dann nichts mehr haben. Dies ist die reine Mangelverwaltung, und Mangel zieht immer nur Mangel an.

***Gewöhnen Sie sich daran,
Geld in Ihrer Tasche zu haben,
und gewöhnen Sie umgekehrt
das Geld daran,
sich in Ihrer Tasche zu befinden.***

Unfug, wird vielleicht mancher Leser denken, es wird ja dadurch nicht mehr. Richtig, natürlich wird es dadurch im Moment nicht mehr, aber es erzeugt ein anderes Energiefeld, es erzeugt ein anderes Gefühl als das der Mangelverwaltung, und erst mit diesem positiveren Energiefeld schaffen Sie die Voraussetzung für ein besseres Ergebnis.

***Geld zieht Geld an.
Reichtum zieht Reichtum an.
Mangel zieht Mangel an.
Armut zieht Armut an.***

Wenn Sie immer das falsche Ergebnis anziehen, machen „Sie" etwas falsch – nicht das Geld. Sie stehen auf der falschen Seite. Geld ist in unglaublichen Mengen vorhanden. Wenn es Sie nicht erreicht, haben Sie so etwas wie eine Mauer zwischen sich und dem Geld errichtet. Diese Mauer ist in der Regel rein geistiger Natur.

„Ich bin ja schon zufrieden, wenn …" – „Geld allein macht nicht glücklich" – „Geld ist schmutzig" – „Mit redlicher Arbeit kann man nicht zu Geld kommen" – „Geld verdirbt den Charakter" usw. usw.

Räumen Sie auch hier gründlich auf. Werden Sie sich solch möglicher Bremsen bewusst.

Geld – und auch Partner –
sind wie ein Stück glitschiger Seife.
Je fester Sie zudrücken,
je fester Sie es umklammern,
je mehr Sie es festhalten wollen,
desto eher wird es Ihnen entgleiten.

Lassen Sie es ganz ruhig in Ihrer Hand liegen, damit es sich bei Ihnen wohl fühlt. Gewöhnen Sie sich aneinander. Vertrauen Sie darauf, dass immer da sein wird, was Sie brauchen, und seien Sie sich ganz sicher:

„Das, was nicht da ist,
brauchen Sie auch nicht –
oder es wäre da."

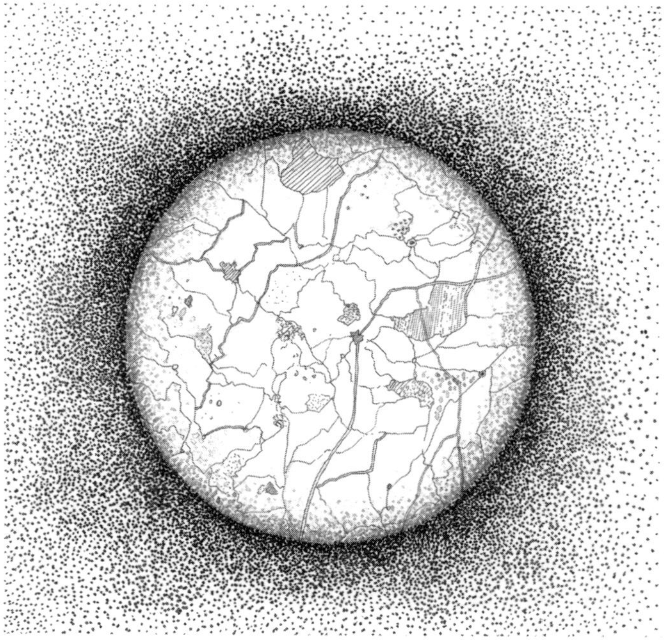

Noch einmal fünfzehn Prozent mehr Lebensfreude

Die Schöpfung ist in dauernder Bewegung.
Nichts bleibt auch nur eine Sekunde so, wie es ist.
In einer Welt, die sich ständig wandelt, kann es keine Sicherheit geben.

15%

Das Einzige, dessen wir uns absolut sicher sein können, ist, dass wir uns niemals sicher sein können.

Wir können uns nicht einmal sicher sein, dass wir morgen noch leben, wir können uns nicht einmal sicher sein, dass wir in einer Stunde noch leben, ja, wir können uns nicht einmal unseres nächsten Atemzuges wirklich sicher sein. Es gibt keine Sicherheit!

Ängstigt Sie das? Warum eigentlich? Der ständige Wandel bringt doch auch die Chance mit sich, dass sich das wandelt, was wir ohnehin nicht so haben wollen, ja, wo wir geradezu auf einen Wandel warten: „Wenn sich das doch endlich einmal ändern würde!“ Keine Sorge, es wird sich ändern. Es wird sich genauso ändern wie das, was wir lieber unverändert lassen würden.

Was heute oben ist, wird morgen unten sein.
Was heute unten ist, wird morgen oben sein.
Nichts bleibt so, wie es ist.

Ein Problem entsteht erst dann, wenn wir bestimmen wollen, was sich wandeln und was bleiben soll, wie es ist. Wenn wir bei bestimmten Dingen oder Umständen den Wandel nahezu herbeisehnen, andere Dinge oder Umstände hingegen nicht nur unverändert lassen möchten, ja, darüber hinaus sogar noch sicherstellen wollen, dass sie auch in aller Zukunft so bleiben, wie sie sind. Wenn wir den dauernden Wandel der Schöpfung in einem Fall beschleunigen und im anderen Fall anhalten wollen. Wenn wir Schöpfer spielen wollen.

Leider ein völlig untauglicher Versuch, denn der Wandel macht keine Ausnahmen. Alles wandelt sich, nichts steht still. Selbst wir stehen nicht still, wovon wir uns leicht überzeugen können, wenn wir z. B. einmal unser Foto im Führerschein betrachten, falls wir den schon einige Zeit besitzen.

Natürlich spricht eine gewisse Wahrscheinlichkeit dafür, dass vieles zunächst so weitergehen wird, wie wir glauben, dass es weitergehen wird, aber eine solche Wahrscheinlichkeit ist noch lange keine Sicherheit.

Selbst wenn wir das sogenannte „sichere Gefühl" haben, dass etwas so bleibt, wie es ist, und uns dabei sogar sicher sind, dass es auch in Zukunft so bleiben wird, so bedeutet dies nichts anderes, als dass wir den Wandel, dem ausnahmslos alles unterliegt, im Moment nicht so recht wahrnehmen.

Es gibt einen schnellen und einen langsamen Rhythmus des Wandels. Niemals steht etwas still. Wenn wir also etwas als unverändert betrachten, unterliegen wir immer einem Trugschluss.

Wenn ich z. B. von meinem Schreibtisch aus auf das meinem Fenster gegenüberliegende

Felsmassiv der Kampenwand, unseren Hausberg, schaue, dann sieht sie für mich schon auf Jahre hinaus jeden Tag gleich aus. Und trotzdem hat sie sich gewandelt. Lediglich sind meine Augen das falsche Instrument, ihren sicher recht langsamen Wandel festzustellen.

Sicherheit bedeutet zu wissen,
dass etwas so ist.
Sicherheit bedeutet nicht zu glauben
oder davon überzeugt zu sein,
dass etwas so ist.

Trotz der tausendfach erwiesenen *Unsicherheit der Sicherheit* ist das menschliche Streben nach Sicherheit ungebrochen, und ein ganzer Wirtschaftszweig, die „Ver"-sicherer, haben darin so etwas wie eine nie versiegende Geldquelle entdeckt.

Der Wunsch nach Sicherheit treibt die seltsamsten Blüten: Sicherheitsdienste, Sicherheitsschlösser, Sicherheitsglas, Sicherheitswesten, Sicherheitsschuhe, Sicherheitskontrolle, Sicherheitsvorschriften, Sicherheitsübungen, Sicherheitsleitern, Safes, Warnanlagen, Versicherungen und Sicherungen, wo man nur hinschaut, und heute Morgen habe ich im Internet entdeckt, dass wir sogar unser Gehalt versichern können. Wir erwerben dann einen sogenannten „Gehalts-Schutzbrief".

Manchmal gibt es aber auch sehr vernünftige Dinge und Einrichtungen, die sich mit dem Thema Sicherheit beschäftigen. Auch ich lege natürlich in meinem Fahrzeug einen Sicherheitsgurt an – ich darf gar nicht anders, der Gesetzgeber zwingt mich dazu. Nur eines kann mir auch das Anlegen des Gurtes nicht geben: Die ersehnte „Sicherheit".

Nach der berühmten „Wahrscheinlichkeitsrechnung" erhöht sich zwar durch solche Maßnahmen unsere Sicherheit, aber eine Erhöhung der Sicherheit ist trotzdem wieder etwas anderes als Sicherheit. Schon manchem wurde z. B. der Sicherheitsgurt zur Falle, schon so manches Sicherheitsschloss übte eine ungeheure Anziehungskraft auf Diebe aus usw. usw.

Auch bei diesem Thema gilt das, was ich schon im vorherigen Kapitel gesagt habe: Angst zieht immer das an, wovor wir Angst haben, und wir haben selbstverständlich Angst vor einem Einbruch, wenn wir z. B. unser Haus einbruch-„sicher" verbarrikadieren.

Nun kann man natürlich sagen, dass so etwas doch lediglich eine Vorsichtsmaßnahme und noch lange keine Angst ist – man weiß ja, heutzutage usw...

Ja, aber warum treffen wir dann eine solche Vorsichtsmaßnahme? Wir halten es damit doch offensichtlich für möglich, dass etwas eintritt, von dem wir lieber hätten, dass es so nicht eintritt. Also das Gleiche wie „Herr Ober, zwei Bier bitte nicht". Die energetische Ursache, die wir damit in die Welt setzen, ist von gleicher Qualität wie bei der Angst.

Aber schauen wir uns noch ein wenig bei den sogenannten Versicherern um:

Hier können wir natürlich auch unser Leben – unseren größten persönlichen Unsicherheitsfaktor – versichern. Aber wenn wir es einmal genauer betrachten, wird ja gar nicht unser Leben versichert. Kein sterblicher Mensch kann uns unser Leben versichern!

Wir können uns nur selbst
unseres Lebens versichern,
indem wir feststellen,
ob wir tatsächlich leben
oder ob wir gelebt werden.

Wenn wir feststellen müssen, dass wir gelebt werden, hat sich jemand oder hat sich etwas unseres Lebens bemächtigt. Wir funktionieren nur noch.

Im Falle einer Lebensversicherung gilt lediglich das Datum unseres Ablebens als Auslöser fälliger Zahlungen seitens der Versicherung, wobei dann eine bestimmte Summe an die Hinterbliebenen oder an eine von uns vorher benannte Person gezahlt wird. Sie kennen das alles. Fragt sich nur, was „wir" dann davon haben. Wir hatten doch „unser Leben" versichert.

Überschreiten wir bei der Kapital-Lebens-Versicherung – einer anderen Variante der Lebensversicherung – unbeschadet ein gewisses Lebensalter, wird uns dann in der Regel der angesparte und verzinste Betrag ausgezahlt oder verrentet. Das klingt zwar schon wesentlich besser, wir hätten dann noch etwas davon, aber liegt darin wirklich so etwas wie Sicherheit?

Wissen wir, ob die Versicherung, der wir heute vertrauen, in dreißig Jahren, wenn eine Auszahlung unserer Ansprüche anstehen würde, noch existiert? Wissen wir, was der dann an uns auszuzahlende oder zu verrentende Betrag noch wert ist, was wir dann für dieses Geld noch kaufen können? Nein, wir können es nicht wissen und die Versicherung kann es auch nicht wissen. Die Sicherheit, die wir eingekauft haben, ist lediglich eine „wahrscheinliche" Sicherheit. In Wahrheit gibt es auch dabei keine Sicherheit.

Die Sicherheit, die wir eingekauft haben, beruhte auf Wahrscheinlichkeitsberechnungen, und wenn wir in der Weltgeschichte ein wenig zurückblättern, werden wir kaum einen Zeitraum von dreißig oder mehr Jahren finden, in dem die berechnete Wahrscheinlichkeit dann auch tatsächlich so eintraf.

Zu manchen Versicherungen werden wir ja auch gezwungen. Wenn wir ein Automobil bewegen wollen, muss dieses zumindest haftpflichtversichert sein. Das heißt, es soll dadurch sichergestellt werden, dass jemand für uns zahlt, wenn wir mit unserem Automobil einem anderen einen Schaden zugefügt haben.

Diese Art der Sicherheit erlebte ich bei mir selbst als absolute „Scheinsicherheit", als mir jemand einen Schaden zufügt hatte – einen sogenannten Totalschaden sogar – und dessen Versicherung daraufhin zahlen sollte. Trotz eindeutiger Rechtslage ein endloses Hin- und Hergezerre über Anwälte und Sachverständige, und zum Schluss kam dabei etwas heraus, was keinesfalls den Schaden ausglich, den ich erlitten hatte.

Der Endeffekt war, dass ich nun ein neues Auto brauchte und kräftig zuzahlen musste, obwohl ich ohne den Schaden auf die nächsten Jahre hinaus kein neues Auto gebraucht hätte. „Versicherungs"-rechtlich natürlich vollkommen in Ordnung – wie man mir auch in diesem Fall wiederum „ver-sicherte".

Wer z. B. zwangsweise seinen Beitrag in der gesetzlichen Rentenversicherung eingezahlt hat und dann am Ende eines langen Arbeitslebens die erwartete Sicherheit ernten möchte, der wird sich ebenfalls getäuscht sehen. Allein von seiner gesetzlichen Rente wird wohl niemand mehr seinen Lebensabend bestreiten können, was ihm inzwischen auch die Politik so vorhersagt, obwohl sie die Menschen vor Jahren noch – trotz aller Wahrscheinlichkeitsberechnungen – darüber getäuscht hat.

Das einzig Sichere waren in diesem Fall die Beitragszahlungen, gegen die sich niemand wehren konnte. Nehmen wir auch andere Beispiele wie Arbeitslosen-Versicherung, Kranken-Versicherung, Pflege-Versicherung usw. Wo besteht hier eine wirkliche Sicherheit? Vielleicht die Sicherheit, dass wir nicht verhungern müssen, die sogenannte „Grundsicherung", mehr aber leider nicht.

Ich rede damit nicht gegen diese Systeme, ich weiß auch nichts Besseres oder gar so etwas wie einen Ausweg. Ich möchte lediglich vor übertriebenem Sicherheitsdenken warnen. Es gibt auf derartigen Wegen keine Sicherheit und damit will ich Ihnen keineswegs Angst machen. Ganz im Gegenteil.

Ich möchte Sie zu einer Art Sicherheit führen, die Sie nur aus sich selbst heraus und niemals von außen beziehen können.

***Die einzige Sicherheit,
deren Wahrscheinlichkeitsrechnung
immer aufgeht.***

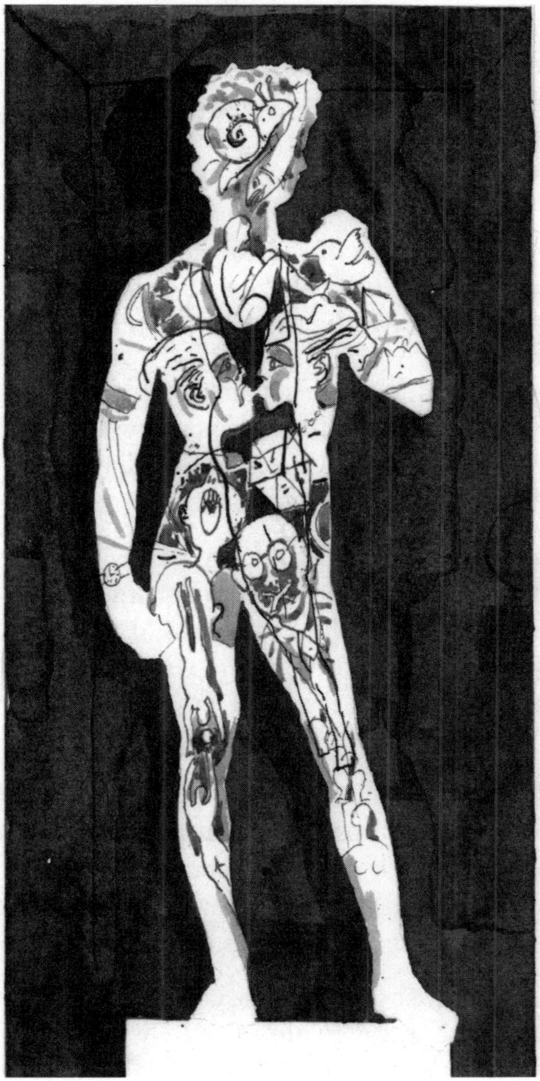

Aber was bedeutet nun eine solche „Sicherheit aus uns selbst heraus“?

Nun, zunächst einmal bedeutet sie, dass wir uns „unserer selbst sicher“ sind. Wenn wir uns z. B. sicher sind, ein bestimmtes Ziel zu erreichen, werden wir umso weniger das Bedürfnis nach äußeren Absicherungen aller Art verspüren, unbeirrt und ohne Zweifel unseren Weg gehen und mit einer höheren Wahrscheinlichkeit, als sie jede noch so findige Absicherung geben könnte, an unserem Ziel auch ankommen.

Übertriebenes Absichern ist immer ein Zeichen eigener Schwäche und Unsicherheit.

Wenn wir uns z. B. nicht sicher sind, unseren Job zu behalten, und deshalb bereit sind, alles zu tun, was man von uns erwartet, um jedes Risiko zu vermeiden, sind wir bereits auf dem besten Weg, unseren Job zu verlieren.

Wir setzen die falsche Energie in Bewegung und demontieren unseren Eigenwert dermaßen, dass man irgendwann keinen Wert mehr auf uns legt. Wir strahlen etwas aus, das man lieber loswerden möchte. Ungerecht? Keineswegs! Sie wissen ja, Angst zieht immer das an, wovor wir Angst haben und was wir gerade vermeiden wollen.

Etwas absichern zu wollen bedeutet ja in den meisten Fällen nichts anderes, als dass wir etwas Bestehendes so belassen wollen, wie es ist. Da aber in der sich dauernd wandelnden Schöpfung nichts so bleibt, wie es ist, ist schon der Ansatz eines solchen Versuchs einigermaßen sinnlos. Wir haben bereits darüber gesprochen.

Noch unsinniger ist es, etwas absichern zu wollen, was noch gar nicht existiert und in der Zukunft liegt. Niemand kann die Zukunft vorhersehen, niemand kann die Zukunft festlegen, niemand kann die

Zukunft absichern. Es sei denn, er wäre Gott persönlich. Aber dann brauchte er wiederum keine Absicherung.

Die Wahrheit liegt wie so oft in der Mitte:

Tun wir jetzt das, was einigermaßen vernünftig und überschaubar ist, und gehen wir dann mit dem Wandel.

Bleiben wir elastisch und halten wir nichts fest.

Wenn ein Baum im Herbst die Blätter, die er eigentlich abwerfen müsste, festhalten würde, würde er sich damit im nächsten Frühjahr selbst im Wege stehen.

Wenn wir selbst Teil des Wandels sind,
werden wir vorne liegen.
Wenn wir versuchen stehen zu bleiben
und abzusichern,
werden wir sehr bald hinten liegen.

Wenn wir starr bleiben, wird uns der Wandel rechts und links überholen und irgendwann hinwegfegen. Wir können nirgendwo stehen bleiben, wir können nichts absichern. Die Sicherheit, die wir in diesem dauernden Wandel aus uns selbst beziehen können, ist folgende:

Sicher zu sein, dass immer da sein wird, was wir brauchen.

Sicher zu sein, dass wir das, was nicht da ist, auch nicht brauchen, oder es wäre da.

Sicher zu sein, dass wir in den Wandel der Schöpfung eingebunden sind und nichts gegen uns geschieht.

Sicher zu sein, dass wir an langer Hand geführt werden und niemals alleine sind.

Sicher zu sein, dass wir dieser Führung vertrauen können.

Das hat nicht unbedingt etwas mit organisierter Religion zu tun. Es ist ein Gefühl, es ist eine Sicherheit, die ganz alleine in uns entsteht. Ob wir diese Sicherheit nun einem Gott, dem Universum oder sonst etwas zuschreiben, ist ganz allein unsere Angelegenheit.

Nun höre ich Menschen immer wieder sagen, dass sie so etwas wie eine Führung, der sie wirklich vertrauen können, in ihrem Leben leider noch nie feststellen konnten. Ich nehme solche Einwände sehr ernst und versuche diesen dann wirklich einmal auf den Grund zu gehen. Was ich dabei entdecke, ist dann meist Folgendes:

Solche Menschen haben alles und jedes selbst geregelt und „ab"-gesichert – wie sie meinen. Sie haben eine unverrückbare Vorstellung davon, was für sie richtig und was für sie falsch ist. In der Kontrolle um die Verwirklichung ihrer Vorstellungen können sie keinen Moment loslassen. Sie beobachten alles und jeden mit Argwohn und sind so unzugänglich wie eine mittelalterliche Burg mit Wassergraben und hochgezogener Zugbrücke.

Sie sind so in ihrer Burg verbarrikadiert, dass sie für jede Art von Führung unerreichbar sind. Schließlich wissen sie besser, was für sie gut und richtig ist, und verlassen können sie sich auch nur auf sich selbst. Sie haben sich dem Fluss der Schöpfung entzogen. Sie sind für jede Führung unerreichbar. Reklamationen sinnlos!

Aber irgendwann wird auch ihre Burg hinweggespült werden, und dies geschieht dann meist durch Krankheit. Wie so oft die letzte Chance, einen längst überfälligen Wandel zu vollziehen.

Der Wandel und die damit verbundene
Unsicherheit ist nur dann zu fürchten,
wenn wir festhalten
und uns dem Wandel entziehen wollen.
Gehen wir den Wandel mit,
werden wir sogar Teil des Wandels,
wird uns der Wandel
mehr zuführen, als er uns wegnimmt.

Wenn Sie dies wirklich verstanden haben, können Sie auf übertriebene äußere Sicherheit verzichten, denn Ihre Sicherheit kommt von innen, und diese Sicherheit umfasst ebenso alle Ebenen menschlicher Existenz, wie auch der Wandel alle Ebenen menschlicher Existenz umfasst und keine Ausnahmen macht.

Ich möchte Ihnen ein Beispiel für das Mitgehen eines Wandels und die damit verbundenen Chancen nennen, das einigermaßen typisch ist:

Als der Münchner Flughafen vom stadtnahen München-Riem ins entferntere Erdinger Moos verlegt werden sollte, gab es Proteste von allen Seiten. Die Erdinger Bauern protestierten, die Naturschützer protestierten, und vor allem die Anwohner des künftigen Flughafens protestierten. Sie fürchteten wegen des zu erwartenden Fluglärms um den Wert ihrer Häuser und Grundstücke und nutzten alle juristischen Möglichkeiten, den Flughafenbau abzuwehren.

Wenn ich heute vom neuen Münchner Flughafen in Urlaub fliege, fahre ich zunächst mit meinem PKW zu einem Bauern nach Hallbergmoos, das nur wenige Kilometer vom Flughafen entfernt liegt. Dort stelle ich mein Fahrzeug ab und werde dann von ihm in seinem

PKW zum Flughafen gebracht und bei meiner Rückkehr von dort auch wieder abgeholt und zu meinem Fahrzeug zurückgebracht.

Sein Service ist erstens bequemer und zweitens wesentlich billiger, als die Flughafengebühr für einen Langzeitparkplatz ausmachen würde. Vor allem steht das Fahrzeug bei ihm an einem sicheren Platz (eine durchaus vernünftige Absicherung). Sollte mein Flugzeug Verspätung haben oder auch einmal früher eintreffen, so muss ich mir darüber keine Gedanken machen, denn er verfolgt das aktuelle Fluggeschehen zu Hause am heimischen Bildschirm.

Seine Tochter betreibt inzwischen den gleichen Service von einem anderen Grundstück aus. Bei ihr stehen zeitweilig bis zu dreihundert PKW, und sie ist nun dabei, die Stellplätze zu überdachen. Ein klassisches Beispiel für das Ausnutzen einer Chance, die durch Wandel entstanden ist.

Wenn ich sage, dass der Wandel alle Ebenen menschlicher Existenz umfasst, dann gilt dies natürlich auch für die Ebene unserer zwischenmenschlichen Beziehungen, aber gerade hier versuchen die meisten Menschen jeden Wandel zu verhindern:

„Wirst du mich auch immer lieben?“ – „Wirst du mir auch immer treu sein“? – „Wirst du dich auch immer um deine Mutter kümmern?“ usw. usw.

Woher soll ich z. B. wissen, ob ich jemanden tatsächlich immer lieben werde? Selbst wenn ich heute von ganzem Herzen davon überzeugt bin, dass dies so sein wird – das Objekt meiner Liebe wird sich wandeln, ich werde mich wandeln, und auch die Qualität der Liebe kann sich wandeln. Liebe kann sich intensivieren und vertiefen und genau so, wie sie sich intensivieren und vertiefen kann, kann sie auch verflachen.

Den einen Wandel nehmen wir gerne an. Den anderen Wandel möchten wir verhindern, tun alles in unseren Kräften Stehende, damit er nicht eintritt, und begehen damit bereits den ersten entscheidenden Fehler.

Wir wollen wieder etwas verhindern, und durch unser „Verhindernwollen“ setzen wir wieder jene Energie in die Welt, die genau das anzieht, was wir verhindern wollen. „Herr Ober, zwei Bier bitte nicht.“

Zwischenmenschliche Beziehungen brauchen Raum zu ihrer Entwicklung, sie brauchen Luft zum Atmen, und dies gilt ganz besonders für die enge Partnerschaft zwischen zwei Menschen. Jedes Festhaltenwollen, jeder Versuch, Veränderungen zu verhindern, ist Gift für eine Partnerschaft. Wir haben schon über das Stück glitschiger Seife gesprochen, das uns umso schneller aus der Hand gleitet, je mehr wir zudrücken.

Aber welche Auswirkungen hat dies nun alles auf unser zentrales Thema „100 % mehr Lebensfreude“? Ich bin sicher, Sie werden es bereits erkannt haben.

***Die Angst vor der Zukunft,
die Angst vor Veränderung,
das Festhaltenwollen eines
bestehenden Zustandes
untergraben die Lebensfreude im
Hier und Jetzt.***

Selbst wenn im Moment alles ideal sein sollte, selbst wenn im Moment alles in unserem Leben stimmen sollte – was ich mir nicht vorstellen kann –, überschattet die Sorge darum, dies alles so erhalten und absichern zu wollen, die augenblickliche Situation. Rechte Freude will gar nicht erst aufkommen, denn wir wissen ja nicht, ob dies auch alles so bleiben wird – vielleicht müssen wir das alles wieder büßen.

Na, dann büßen Sie mal schön. Ich ziehe die Freude vor und genieße jetzt das, was jetzt zu genießen ist.

Je weniger wir versuchen das Jetzt festzuhalten und abzusichern, je mehr Raum wir dem Morgen geben, je mehr wir los-

lassen und vertrauen, desto mehr sind wir für die Fülle der Schöpfung erreichbar!

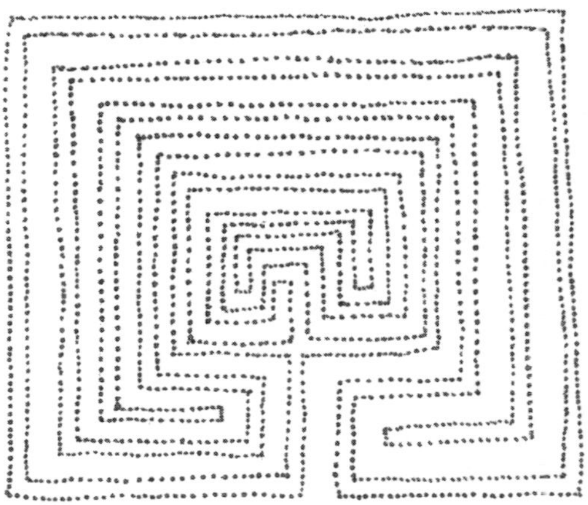

Aber dazu gehört wieder die Sicherheit, die wir nur aus uns selbst beziehen können. Vielleicht schauen Sie sich dazu noch einmal die Punkte an, die ich aufgeführt habe, und das Beste dabei wäre, wenn Sie über sich selbst schmunzeln könnten.

Also, auf geht's!

Noch einmal fünfzehn Prozent mehr Lebensfreude

Wenn wir die Bewunderung und Anerkennung der ganzen Welt gefunden haben und hoffen, deshalb glücklich zu sein, sind wir Narren.

Wenn die ganze Welt uns belächelt und für einen komischen Vogel hält und wir uns dabei sauwohl fühlen, sind wir Weise.

15%

Auch hier kommt wieder das geistige Gesetz „Wie innen, so außen, wie oben, so unten, wie im Größten, so im Kleinsten" zum Tragen, wobei uns in diesem Kapitel nur die erste Gleichung interessiert. Wenn Lebensfreude, über die wir hier reden, vorwiegend an äußere Dinge gebunden ist, dann ist sie auf Sand gebaut, und dieser Sand wird uns täglich in den Händen zerrieseln.

Das Fundament solcher Lebensfreude ist mehr als brüchig. Es ist die Lebensfreude einer Eintagsfliege. Die täglich notwendige Beschaffung neuen Sandes wird uns über kurz oder lang ausbluten lassen. Wir werden unser Ziel nie erreichen, wir werden niemals zur Ruhe kommen.

Wahre Lebensfreude kommt von innen und kann nicht von außen erkauft werden.

Natürlich können und dürfen wir uns über äußere Dinge freuen, sie gehören zur Fülle der Schöpfung, sie sind für uns da, aber unsere grundsätzliche Freude am Leben darf nicht von äußeren Dingen abhängig sein. Erinnern Sie sich noch der Geschichte des Milliardärs, über die ich am Anfang des Buches berichtet habe?

Wenn mir morgen jemand einen Rolls Royce mit Fahrer zur Verfügung stellt, um meine Besorgungen zu machen, dann freue ich mich natürlich darüber. Es erspart mir zumindest die eigene Parkplatzsuche – der Chauffeur wird auf mich warten.

Stellt mir niemand einen Rolls Royce zur Verfügung, dann freue ich mich natürlich ebenso und nehme vielleicht mein Fahrrad. Auch damit habe ich keine Parkplatzsorgen. Weder das eine noch das andere darf grundsätzlich etwas mit meiner Lebensfreude zu tun haben.

Lebensfreude bedeutet nichts anderes, als dass ich mich „meines Lebens" freue. „Ich" freue mich, dass „ich" lebe.

Sobald ich diese Lebensfreude an etwas binde, sobald ich sage, dass ich mich meines Lebens freue, weil …, erfreue ich mich nicht mehr meines Lebens, sondern ich erfreue mich des Weils.

Wenn dieses Weil dann wegfällt – und jedes Weil wird irgendwann einmal wegfallen –, fällt auch die Lebensfreude weg. Das Gleiche gilt übrigens auch für das Thema Liebe, was ich noch erklären werde.

Bei vielen Menschen ist die Lebensfreude schon dadurch beeinträchtigt, dass es regnet. Das sind dann diejenigen, die sich freuen, „weil" die Sonne scheint. Schon hier haben wir die klare Übersetzung dessen, was ich vom „Weil" gesagt habe.

Die Lebensfreude und das Wohlbefinden dieser Menschen sind vom Wetter abhängig. Welch ein Irrsinn. Ich kann diesen Menschen schon jetzt vorhersagen, dass ihre Lebensfreude im Jahre 2025 – wenn sie es denn erleben sollten – ungefähr zur Hälfte oder sogar noch etwas mehr negativ beeinflusst sein wird, oder sie ziehen zwischenzeitlich in die Wüste, wo sie dann vermutlich den Regen vermissen würden.

Die hohe Kunst stabiler Lebensfreude basiert darauf, von äußeren Dingen unbeeinflusst zu bleiben und anzunehmen, was so ist, wie es ist.

Was habe ich, ein unbegrenztes, geistiges Wesen, z. B. damit zu tun, ob es auf dem Teil der Erde, auf dem ich mich gerade aufhalte, regnet oder nicht regnet? Auf welche Stufe stelle ich mich mit solchen Abhängigkeiten? Vielleicht doch wieder auf die Stufe des von mir so gern zitierten Regenwurms. Aber den habe ich doch als schlauer bezeichnet.

Und das ist er in der Tat. Selbst ein Regenwurm ist vom Regen völlig unabhängig. Regen kann ihn höchstens dazu verleiten, einmal einen überirdischen Spaziergang zu wagen, wobei er dann das Risiko eingeht, von einem Vogel vernascht zu werden. Regnet es nicht, gräbt er sich so tief in den Boden ein, bis er den Grad von Feuchtigkeit erreicht hat, der ihm gut tut. Er lässt es sich in jedem Fall gut gehen. Lernen wir von ihm!

Noch bedenklicher ist es, wenn unsere Lebensfreude von anderen Menschen abhängig ist. Von unserem Partner, unserer Partnerin, unseren Eltern oder umgekehrt unseren Kindern, unserem Chef, unseren Kunden oder wem auch immer.

Ich habe diese Thematik bereits kurz angesprochen, aber ich möchte sie noch ein wenig vertiefen, da sie für unser zentrales Thema Lebensfreude von ganz enormer Bedeutung ist.

Es ist eine absolute Bankrotterklärung, anderen Menschen die Verantwortung dafür zu übertragen, dass es uns gut geht.

Vielleicht ist uns dies noch in unserer kleinkindlichen Phase erlaubt, aber selbst ein Kleinkind sollte sich einmal selbst genügen und aus sich selbst heraus zufrieden sein können, oder es nervt gewaltig.

Erwachsene, die dieses System leben, nerven noch viel gewaltiger und werden sich über kurz oder lang isoliert sehen. Niemand kann den Job der Zuständigkeit für das Glück eines anderen auf Dauer auf sich nehmen. Jeder hat mit sich selbst genug zu tun.

Im Übrigen ist so etwas keine Partnerschaft, sondern viel eher eine Bedarfsgemeinschaft. Ich „brauche“ den Partner, um glücklich zu sein. Der Partner wird zum „Gebrauchs“-Artikel. Mit Liebe hat so etwas ganz sicher nichts zu tun. Liebe „braucht“ nichts, Liebe genügt sich selbst.

Sobald ich sagen kann, dass ich jemanden liebe, weil …, liebe ich nicht ihn, sondern das Weil.

Hier gilt im Prinzip das Gleiche, was ich von der Lebensfreude gesagt habe. Ich liebe in solchen Fällen nicht meinen Partner, ich liebe das, was ich von ihm habe. Ich liebe das, was ich an ihm so gerne mag, und wenn er mir das dann irgendwann nicht mehr in ausreichendem Maße zukommen lässt, ist es mit der sogenannten Liebe ebenso schnell vorbei, wie es mit der Lebensfreude – „weil“ die Sonne scheint – vorbei ist.

Wenn Ihnen z. B. jemand mit dem so romantisch klingenden Satz begegnet: „Ohne dich kann ich nicht leben“ oder vielleicht sogar „Du bist mein Leben“, fühlen Sie sich bitte keinesfalls geehrt. Ganz im Gegenteil. Laufen Sie, so weit die Füße tragen. Diesen Job können Sie nicht nehmen. Diesen Job kann kein Heiliger nehmen.

Das spricht nicht gegen eine Partnerschaft. Es ist schön, wenn ein Partner da ist, aber es muss auch schön sein, wenn kein Partner da ist. Es ist schön, wenn Kinder da sind, aber es muss auch schön sein, wenn keine Kinder da sind. Allein entscheidend ist es, nicht abhängig von etwas oder von jemandem zu sein.

Einen Partner habe ich in einem Vortrag einmal mit dem Sahnehäubchen auf einem Kuchen verglichen. Ist Sahne da, nehme ich den Kuchen gerne mit Sahne, und er schmeckt mir ausgezeichnet. Ist keine Sahne da, nehme ich den Kuchen eben ohne Sahne, und er schmeckt mir immer noch ausgezeichnet. Der Kuchen muss in Ordnung sein. Ist der Kuchen nur mit Sahne genießbar, stimmt etwas mit dem Kuchen nicht.

Zu einfach? Na, dann machen sie's halt etwas komplizierter. An den ganz banalen Grundwahrheiten werden Sie auch dann nicht vorbeikommen. Wahrheiten – soweit es sie denn gibt – sind meist ganz einfach. Wenn etwas nicht einfach zu erklären ist, stimmt meistens etwas nicht.

Schauen wir uns noch ein paar andere höchst gefährliche Abhängigkeiten an. Die Abhängigkeit von Lob und Zustimmung z. B. Sie haben etwas auf wunderbare Weise erledigt, vielleicht ein schwieriges Problem gelöst oder etwas sehr Schönes geschaffen, und erwarten nun dafür Lob und Anerkennung.

Sie Ärmster oder Sie Ärmste. Sie werden meist vergeblich auf so etwas warten und sind dann wahrscheinlich bitter enttäuscht. Wo liegt nun in solchen Fällen der Fehler? Bei Ihnen oder bei denen, von denen Sie Lob und Anerkennung erwartet hatten? – Meine klare Antwort: ausschließlich bei Ihnen, wo denn sonst?

Warum genügt es Ihnen nicht, dass Sie etwas auf wunderbare Weise erledigt haben, ein schwieriges Problem gelöst oder etwas Schönes geschaffen haben? Warum können Sie sich nicht selbst loben und anerkennen? Warum brauchen Sie Lob und Anerkennung von außen? Warum sind Sie erst dann richtig zufrieden?

Verzeihung, wenn ich Ihnen darauf unverblümt antworte: Es fehlt Ihnen offensichtlich an ausreichendem Selbstwertgefühl. Sie sind erst zufrieden, wenn auch andere mit Ihnen zufrieden sind. Sie können sich erst loben und anerkennen, wenn auch andere Sie loben und anerkennen. Wichtig wäre es aber, dies alles aus sich selbst heraus zu können.

Eine noch wesentlich bedenklichere Variante mangelnden Selbstwertgefühls wäre es, wenn es Ihnen z. B. umgekehrt schwer fällt, Lob und Anerkennung überhaupt anzunehmen, und sie stattdessen versuchen, Ihre eigene Leistung zu bagatellisieren. „Das kann doch jeder, das ist doch nichts Besonderes, dafür bin ich doch da, das hätten andere doch auch so gemacht, das ist doch selbstverständlich …“ usw.

„Alles, was ich kann, ist ganz normal – alles, was ich nicht kann, beweist meinen eigenen Minderwert.“ Hier ist eine Therapie dringendst angesagt. Verinnerlichen Sie unbedingt Folgendes:

Ob uns jemand lobt oder nicht lobt,
ob uns jemand mag oder nicht mag,
sagt nichts über uns aus.

Es sagt ausschließlich etwas aus über den, der uns lobt oder nicht lobt, der uns mag oder nicht mag. Es sagt etwas über dessen Sicht der Dinge, und für die Sichtweise eines anderen sind wir nun einmal nicht zuständig. Jeder hat seine eigene Sicht der Dinge. Wir auch – und wir sollten unsere eigene Sicht nicht von der Sicht eines anderen abhängig machen.

Wir sehen und bewerten zwar etwas so, aber wir glauben erst richtig daran, wenn auch ein anderer dies so sieht und bewertet. Eine verhängnisvolle Abhängigkeit vom Außen – und wir hatten uns doch vorgenommen, auf unserem Weg zu 100 % mehr Lebensfreude vom Außen unabhängig zu werden.

Es gibt kaum etwas, was zwei Menschen völlig gleich sehen, und es ist keinesfalls böser Wille, der dann dahinter steckt. Verantwortlich für eine derartig unterschiedliche Sicht sind die unterschiedlichen Prägungen der Menschen.

Nichts ist aus sich heraus
schön oder hässlich,
richtig oder falsch,
gut oder nicht gut,
befriedigend oder unbefriedigend …

Wir haben lediglich gelernt, etwas als schön oder hässlich, richtig oder falsch usw. zu bewerten. Es sind unsere ganz persönlichen Prägungen, es sind die Konditionierungen, denen wir von frühester Kindheit an ausgesetzt waren. Kulturkreis, Elternhaus, Schule, soziales Umfeld, religiöse Gemeinschaften und dergleichen.

Selbst wenn wir behaupten, dass etwas unsere Sicht der Dinge ist, dann ist es in Wahrheit gar nicht unsere Sicht. Vielmehr ist es die Sicht, die man uns beigebracht hat. Es ist die Summe unserer Konditionierungen, die uns etwas so sehen und bewerten lässt.

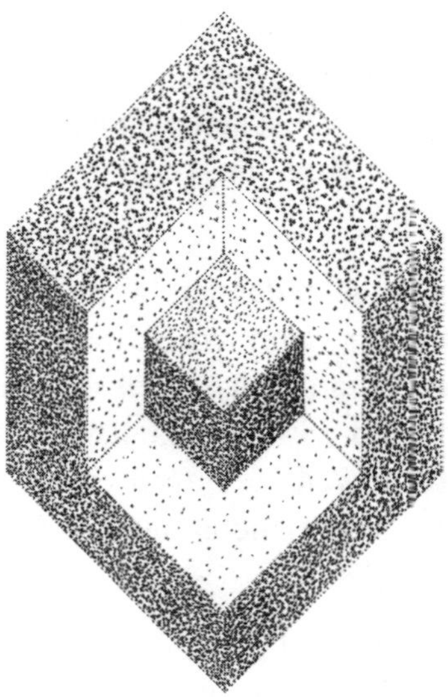

Bei anderen Menschen ist dies nicht anders. Wenn uns z. B. jemand nicht mag, dann heißt das nichts anderes, als dass wir nicht seinem Bild, dass wir nicht der Summe seiner Konditionierungen entsprechen. Aber was können wir für seine Konditionierungen? Rein gar nichts!

Mag uns jemand mögen oder nicht,
es hat nichts mit uns zu tun!

Befreien wir uns von dieser unseligen Abhängigkeit. Wir werden es nie schaffen, von allen gemocht zu werden. So etwas ist selbst Jesus oder Buddha nicht gelungen. Selbst wenn wir bereit sind, uns so zu ändern, dass wir einem bestimmten Menschen gefallen, werden wir womöglich einen anderen verlieren, der uns so gemocht hat, wie wir waren, und dem wir nun nicht mehr gefallen. Jemand mag uns nicht, weil … und ein anderer mag uns genau wegen dieses Weils … Unsere Freiheit beginnt da, wo wir sagen können:

Magst du mich? Schön! – Magst du mich nicht? Schön!

Ich bin „ich" und ich bin, wie „ich" bin. Zumindest sollte dies so sein, wobei manche Menschen mit der Zeit so etwas wie eine Änderungsschneiderei aus sich selbst gemacht haben. Wie hättest du mich denn gerne? Was muss ich tun, um dir zu gefallen? Wie kann ich mir deiner Liebe sicher sein?

Das heißt nun wieder nicht, dass nichts an uns zu verbessern wäre. Niemand ist perfekt. Aber wenn wir Schwachstellen an uns erkannt haben, arbeiten „wir" daran. Wir lassen nicht daran arbeiten. Und vor allen Dingen arbeiten wir nicht „anderen zum Gefallen" daran. Wir haben nichts davon, wenn wir zwar einem anderen, möglicherweise dann aber uns selbst nicht mehr gefallen. Ein schlechter Tausch.

Wenn jemand Sie mag, weil Sie ihm zum Gefallen …, dann mag er nicht Sie, er mag lediglich das, was Sie ihm zum Gefallen … Sie kennen diese Falle inzwischen. Mit so etwas wäre ich an Ihrer Stelle nicht zufrieden. Das wäre mir zu wenig.

Aber hüten wir uns davor, von einer Unfreiheit in die andere zu fallen. Es ist ebenso eine Unfreiheit, anderen gefallen zu wollen, wie auch das genaue Gegenteil eine Unfreiheit ist. Bleiben wir flexibel, bleiben wir kompromissbereit, bleiben wir elastisch, werden wir nicht stur!

Warum sollten wir nicht einmal einem anderen zum Gefallen … So etwas bricht uns keinen Zacken aus der Krone.

***Das Verhängnis beginnt da,
wo Gefallenwollen zum System wird
und wir unsere eigenen
Interessen hintanstellen.***

Nun höre ich immer wieder, dass so etwas natürlich nicht möglich ist, wenn man einen Chef hat, dem man klugerweise schon gefallen sollte. In gewisser Weise ist dies natürlich richtig, aber wirklich „nur in gewisser Weise". Die Grenze ist auch hier zu ziehen, wo uns etwas gegen den Strich geht, wie man so schön sagt, wo wir, um zu gefallen, etwas tun oder uns in einer Weise verhalten müssen, die uns selbst gar nicht gefällt.

Das heißt, wenn wir unsere eigenen Gefühle überwinden müssen, um zu gefallen und dadurch den Vorstellungen eines anderen zu entsprechen. Dies geht auf Dauer nicht gut.

***Ein Geschöpf, das sich ständig
selbst verleugnet und seine eigenen
Lebensimpulse unterdrückt,
eliminiert sich auf Dauer selbst.***

Beim Menschen ist Krebs die häufigste Folge eines solchen Verhaltens. Es wird innerlich so viel Aggression aufgestaut, dass sich die aufgestaute Aggression dann irgendwann gegen den Betreffenden selbst wendet. Krebs ist eine klassische Autoaggression. Körpereigene Zellen, die bisher brav ihre Arbeit verrichtet haben, werden plötzlich aggressiv und beginnen andere körpereigene Zellen zu vernichten. Die aufgestaute Aggression sucht einen Weg der Entladung. Wenn diese Entladung nicht nach außen erfolgen kann, dann eben nach innen.

Gesünder wäre es gewesen, wir hätten wenigstens dann und wann einmal um uns gebissen und die Aggressionen herausgelassen. Natürlich ist dies nicht die einzige Ursache des Krebsgeschehens, es ist lediglich eine überproportional häufige Ursache.

Also auch bei Chefs gibt es eine Grenze, die wir im eigenen Interesse zu ziehen haben. Dulden und ständig in sich hineinfressen ist nicht der richtige Weg.

Da, wo es uns innerlich nicht berührt, können wir ruhig zum Gefallen …

Da, wo es uns gegen den Strich geht, dürfen wir keinesfalls zum Gefallen …

Wenn Sie fürchten, durch Ihr authentisches Verhalten den Job zu verlieren, verlieren Sie lieber den Job als Ihre Gesundheit.

Denn wenn Sie krank werden, brauchen Sie den Job noch dringender, werden sich noch mehr verrenken, bis man Ihnen irgendwann ein ehrendes Andenken bewahren wird. Sie/er war stets bei allen beliebt!

Im Übrigen würde ich als Chef keinen Wert auf Mitarbeiter dieser Prägung legen. Erfolg entsteht durch gegenseitige Befruchtung, nicht durch Konformität. Ein Mitarbeiter, der widerspruchslos immer der gleichen Meinung ist wie sein Chef, ist ein völlig überflüssiger Mitarbeiter. Von ihm geht nichts aus. Er ist keine Bereicherung. Man kann ihn leicht durch einen Automaten ersetzen.

Nun haben wir dieses Kapitel unter das Thema „Was jemand über uns denkt“ gestellt, und es ist absolut köstlich zu beobachten, was Menschen nicht alles tun, um in einer – nach ihrer Ansicht – positiven Weise gesehen zu werden. Sie wollen zeigen, was sie haben und wer sie sind. Warum eigentlich?

Nach außen zur Schau gestellter Reichtum ist in Wahrheit nichts anderes als nach außen zur Schau gestellte Armut.

Eine geistige Armut, die das Fehlen inneren Reichtums dokumentiert. Wahrer Wohlstand ist erst dann erreicht, wenn es auf allen Ebenen „zum Wohle steht“.

Solange ich noch zeigen muss, was ich habe und wer ich bin, habe ich nichts und bin ich nichts. Ich bin nur das, was ich habe, und wenn das Haben wegfällt, bleibt nichts.

Lassen Sie mich zum Schluss dieses Kapitels noch folgende kleine Geschichte erzählen:

Ein auffällig modisch gekleideter Mann betritt ein renommiertes Uhrenfachgeschäft, um sich eine neue Uhr zu kaufen. Der Verkäufer befragt ihn nach seinen Wünschen und findet sehr schnell heraus, dass dieser Herr eine Uhr sucht, die zwar recht teuer aussehen, aber keinesfalls viel Geld kosten darf. Sein Wunsch kann befriedigt werden.

Ein anderer, eher konservativ gekleideter Herr sucht hingegen eine Uhr, die ruhig sehr teuer sein darf, aber man sollte es ihr auch ansehen können, wie er sich ausdrückt. Auch sein Wunsch kann befriedigt werden.

Ein in einen schlichten Lodenmantel gekleideter Herr, der ebenfalls den Laden betritt, sucht hingegen eine Uhr, die ebenfalls sehr teuer sein darf, aber, wie er meint, sollte man es ihr nicht ansehen dürfen. Die Befriedigung seines Wunsches gestaltet sich etwas schwieriger.

Nun, was sagen Sie? Was ist wahrer Wohlstand? Was ist wahrer Reichtum?

Die Quelle weiterer zehn Prozent mehr Lebensfreude

***Wer sich ständig Sorgen
um seine Gesundheit macht,
zieht Krankheit geradezu an.***

10%

Vielleicht werden Sie sich über die Aufforderung „Fühlen Sie sich einfach gesund" zunächst etwas wundern. Wie kann man sich einfach gesund fühlen, wenn man z. B. gerade krank ist? Sicher finden Sie es auch seltsam, dass ich diesem für viele Menschen so wichtigen Thema nur bescheidene 10% mehr Lebensfreude zuordne. Es gibt doch den so wunderbar klingenden Satz: „Gesundheit ist nicht alles, aber ohne Gesundheit ist alles nichts."

Verzeihung, dieser Satz enthält nach meiner Auffassung leider mehr Dummheit als Weisheit. Warum soll ohne Gesundheit alles nichts sein? Hat ein kranker Mensch kein Anrecht auf Lebensfreude? Ja, braucht nicht gerade ein kranker Mensch jenen Funken Lebensfreude, der durchaus vonnöten ist, um wieder gesund zu werden?

Ich kenne eine Menge kranker Menschen, die eine Herzlichkeit, Lebensfreude und Lebensbejahung ausstrahlen, von der sich so mancher Gesunde eine Scheibe abschneiden könnte. Und es ist genau diese innere Haltung, die sie ihre Krankheit meistern lässt.

***Sie haben zwar diese Krankheit,
aber die Krankheit hat sie nicht.***

Nun ist Krankheit natürlich nicht gleich Krankheit. Wenn jemand nur noch dahinvegetiert, nur noch künstlich ernährt wird und im Endstadium einer unheilbaren Erkrankung liegt, dann ist es mit seiner Lebensfreude nicht mehr so weit bestellt. Und trotzdem empfindet auch er Freude, wenn er z. B. einen lieben Besuch empfängt, wenn seine Hand gestreichelt wird und dergleichen. Aber über solche extreme Fälle müssen wir hier nicht reden, dies kann nicht Thema eines solchen Buches sein.

Lassen Sie mich zunächst noch einen wichtigen Gedanken einfügen:

„Nicht wir sind krank –
lediglich unser Körper ist krank."

In der Kombination von unbegrenztem Geist und begrenzter, körperlicher Materie, die den Menschen nun einmal ausmacht, kann immer nur die körperliche Materie erkranken. Unbegrenzter Geist kann nicht erkranken, auch wenn man fahrlässigerweise von „Geisteskrankheiten" spricht. Wenn unbegrenzter Geist erkranken könnte, müsste auch Gott krank werden können, denn sein unbegrenzter Geist ist der göttliche Funke in uns. Sein unbegrenzter Geist ist unser göttliches Erbe. Wir sind „un"-begrenzte, geistige Wesen in einem „be"-grenzten, menschlichen Körper.

Es ist also allein eine Frage der „Ich-Identifikation", wenn ich z. B. sage, dass ich krank bin. Identifiziere ich mein „Ich" mit meinem begrenzten Körper, habe ich natürlich Recht mit einer solchen Feststellung.

Identifiziere ich mein „Ich" hingegen mit meiner unbegrenzten, geistigen Natur, ist eine solche Feststellung falsch. Meine Aufforderung: „Fühlen Sie sich einfach gesund" ist also keinesfalls aus der Luft gegriffen. Sie müssen sich nur mit der richtigen Ebene identifizieren.

Ich bin vollkommen gesund, nur die linke Niere meines Körpers arbeitet nicht so, wie sie eigentlich soll, und ich, das unbegrenzte, geistige Wesen, mache mich nun mit Hilfe meiner Berater (Ärzte) an die Reparatur dieses Schadens, denn Geist steht über Materie. Ich bin der Hausherr in diesem Körper!

Die dabei anwendbaren Techniken werde ich in einem neuen Buch, das im Herbst 2007 unter dem Titel „Sprechstunde mit dem inneren Arzt", erscheinen wird, ausführlich erklären.

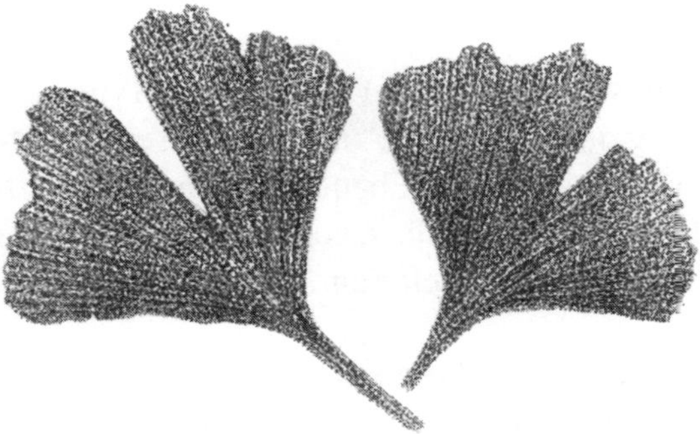

Unser unbegrenztes, geistiges Ich ist das, was diesen Körper lebendig macht, es ist das Leben in diesem Körper. Es ist das, was diesen Körper einmal angenommen hat und was ihn im Falle seines Todes wieder verlässt. Im Christentum spricht man von der unsterblichen Seele, wobei ich diesen Ausdruck nicht besonders schätze, da er zu oft missbraucht wird. Ähnlich wie bei den unsinnigen „Geisteskrankheiten" soll es ja auch „seelische Krankheiten" geben.

Aber was können wir nun mit unserer Erkenntnis anfangen? Wie kann sie uns bei der Bewältigung einer Krankheit und auch beim Erhalt unserer Gesundheit helfen, und was hat diese Erkenntnis mit unserem Thema Lebensfreude zu tun? Eine ganze Menge, wie Sie sehen werden.

Wir können die Gesundheit unserer unbegrenzten, geistigen Ebene auf die begrenzte Ebene unseres materiellen Körpers übertragen.

In gewissem Sinne überträgt sie sich sogar fortwährend und ganz ohne unser Zutun. Die alten Griechen kannten das Ideal von einem gesunden Geist in einem gesunden Körper, sie kannten diesen untrennbaren Zusammenhang. Es ist der Geist, der den Körper formt.

Die Konsequenz: Wenn wir uns unserer unbegrenzten, geistigen Natur bewusst sind, wenn wir auch mental so richtig gut drauf sind, überträgt sich dies über das autonome Nervensystem auch auf unseren Körper.

Das heißt, dass wir nicht nur auf körperliche Hygiene, sondern vor allem auch auf „geistige Hygiene" achten müssen. Wir müssen dafür sorgen, dass unsere mentale Ebene von unserer geistigen Ebene positiv beeinflusst wird. Wir dürfen den Ebenen, die uns mental eher herunterziehen, keinen Platz einräumen.

Jeder Gedanke und jedes Bild,
das sich in unserem Kopf dreht,
erzeugt eine Schwingung,
die sich über die mentale Ebene
direkt auf unsere
körperliche Ebene überträgt.

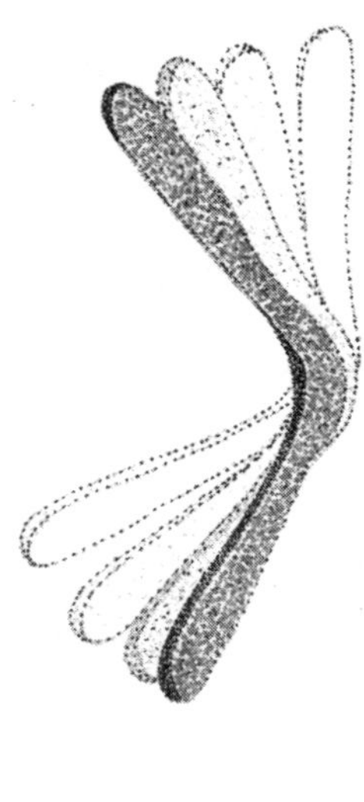

So löst jede Erwartung, jede Befürchtung, jede Angst vor etwas und jede Beschäftigung mit einem bestimmten Thema eine Schwingung aus, die sich auf direktem Weg überträgt.

Worüber ich in diesem Sinne zunächst mit Ihnen reden möchte, ist das „Reden über Krankheit" und auch die dauernde Beschäftigung mit diesem Thema.

Es gibt Menschen, die haben nichts anderes im Sinn als die Absicherung ihrer Gesundheit. Obwohl ihnen nichts Ernstes fehlt, versäumen sie keine der zahlreichen TV-Sendungen, in denen über irgendeine Krankheit und deren Behandlungsmethoden referiert wird.

Sie lesen jeden Artikel, der sich mit dem Thema Gesundheit befasst, sie nehmen an jedem Gespräch teil, das in diese Richtung läuft, verteilen großzügig ungebetene Ratschläge, und natürlich leben sie selbst vollkommen gesund. So meinen sie jedenfalls, wobei ich in dieser Gruppe selten einen wirklich Gesunden erlebt habe.

Sie essen nur das, was als gesund gilt, im Extremfall verzichten sie sogar auf alle gekochten Speisen, und der Genuss von Fleisch bringt sie nach ihrer Meinung auf direktem Weg ins Grab. Mit dem Fleisch toter Tiere meinen sie die Energie des Todes in sich aufzunehmen, mit roher Pflanzenkost (biologisch gezogen natürlich) hingegen die Energie des Lebens, und alkoholische Getränke sind ohnehin Teufelswerk.

Ihre Kleidung besteht ausschließlich aus Naturfasern, ihre Wohnung ist staubmilbenfrei und die Möbel besitzen ein Umweltzertifikat, die Wände sind mit lösungsmittelfreier Farbe gestrichen, und auch das, was sie zur Hautpflege ins Gesicht cremen, ist natürlich auch reine Natur. Alles muss reine Natur sein, wobei sie ganz vergessen, dass auch die Natur alle Gifte bereithält.

Natürlich betreiben sie Nordic-Walking, trinken nur kohlensäurefreies Mineralwasser oder haben inzwischen eine eigene Wasseraufbereitung. Ihr Brot backen sie natürlich auch selbst. Diese Aufzählung ließe sich beliebig fortsetzen.

Leben diese Menschen nun wirklich gesund? Ich glaube, dass das Gefängnis, in das sie sich freiwillig eingesperrt haben, ebenso eng ist wie das Gefängnis eines gegenteiligen Verhaltens.

***Jedwedes Gefängnis,
jedwede Enge des Denkens und Handelns
ist von Übel
und damit alles andere als gesund.***

Es ist z. B. ebenso eine Enge, kein Fleisch essen zu dürfen, wie es Enge bedeutet, keine Mahlzeit ohne Fleisch akzeptieren zu können. Beide Verhaltensweisen sind gleichermaßen selbst errichtete Gefängnisse. Hier fehlt der bewusste und vernünftige Umgang mit der Fülle der Schöpfung. Hier machen Menschen sich freiwillig zum Sklaven einer Doktrin. „Nur so und niemals anders.“

Natürlich ist Nordic-Walking gesund, ich praktiziere es gelegentlich selbst. Natürlich ist ein biologisch gezogener Salat gesünder als ein mit Chemie belasteter Salat usw. Niemand kann und wird das ernsthaft bestreiten. Was mich allein stört, ist der daraus entstehende Zwang und der missionarische Eifer, der bei vielen Menschen zu beobachten ist.

Und noch etwas anderes, ganz Entscheidendes kommt hinzu.

Mit der ständigen Ausrichtung des Denkens und Handelns auf die Verhinderung von Krankheit schaffen wir ein Energiefeld, das Krankheit geradezu anzieht.

Warum beschäftigen wir uns auch hier wieder mit etwas, was wir nicht wollen? „Herr Ober, zwei Bier bitte nicht." Sie kennen diesen Mechanismus inzwischen.

Indem wir uns mit Krankheiten und deren Verhinderung beschäftigen, indem wir solche Themen täglich in uns hineinziehen, indem wir ganz bewusst gesund bleiben wollen, halten wir doch eine Erkrankung unsererseits durchaus für möglich – sonst würden wir das doch alles nicht tun – oder?

All dem, was wir in unserem Leben für möglich halten, öffnen wir unbewusst die Tür.

Das, was wir nicht für möglich halten, hat es dagegen wesentlich schwerer, uns zu erreichen. Es klopft an eine verschlossene Tür. Hält unser Unterbewusstheit Krankheit für möglich, hält es die Tür dafür offen. Hinterher sagen wir dann vielleicht sogar: „Habe ich doch immer gespürt."

Besser aber – und vor allem gesünder – wäre es, wenn dieses Thema erst gar keinen Platz in unserem Unterbewusstsein hätte, wenn die Tür verschlossen bliebe. Krankheit – nein danke!

Dies ist natürlich keine Garantie, gesund zu bleiben, macht es aber einer Krankheit wesentlich schwerer, uns zu erreichen.

***Ideal wäre es, wenn wir die Gedanken,
wenn wir das Reden und die
Beschäftigung mit möglichen
Krankheiten und deren Verhinderung
vollkommen aus unserem Kopf
verbannen könnten.***

Wenn wir uns einfach unseres Lebens freuen, statt uns ständig Sorgen um unsere Gesundheit zu machen, ist dies die beste Gesundheitsvorsorge.

Nun wird mancher sagen, dass man doch nicht einfach so tun kann, als würde man nicht krank werden können. Jeder Mensch kann schließlich krank werden. Ja, richtig! Aber ich habe ja auch nicht gesagt, dass wir einfach so tun sollen. Einfach so zu tun ist zu wenig. Ich habe gesagt, dass wir die gesamte Beschäftigung mit Krankheiten aus unserem Kopf verbannen sollen. Noch einmal: „Krankheit, nein danke!“

Keine Garantie, wie ich schon gesagt habe. Für nichts gibt es irgendeine Garantie oder Sicherheit. Aber wir bewegen uns nicht im Energiefeld Krankheit. Wir sind keine Ansprechpartner für dieses Thema.

Wenn wir in der Fülle der Schöpfung leben, wenn wir bewusst damit umgehen und uns keine Sorgen machen, wenn wir unsere Lebensfreude nicht freiwillig reglementieren, wenn wir uns nicht durch selbst auferlegte Verbote das schlechte Gewissen schaffen, das uns dann nach der Überschreitung eines solchen Verbots quält, dann leben wir relativ gesund.

Es muss z. B. nicht immer Fleisch sein, aber es kann auch mal Fleisch sein. Es muss nicht immer Alkohol sein, aber einen wunderschönen Rotwein zu einer gebratenen Ente zu genießen oder ein frisches Weißbier in einem sommerlichen Biergarten durch die Kehle rinnen zu lassen sind Genüsse, die zu unserer Lebensfreude beitragen können, und diese Lebensfreude wirkt dann wie eine Vitaminspritze auf unser Immunsystem.

Wenn wir so etwas ohne schlechtes Gewissen tun und nicht innerlich fürchten, dass es uns schaden könnte, weil ja erst vor kurzem in der Sendung … ausdrücklich gesagt wurde, dass …, wird es uns auch nicht schaden.

Die Zusammenhänge zwischen Immunsystem und Lebensfreude sind hinreichend bekannt. Sind wir so richtig gut drauf, ist auch unser Immunsystem so richtig gut drauf. Sind wir sorgenvoll, schlapp und anfällig, ist auch unser Immunsystem schlapp und anfällig.

Entscheidend ist nicht allein,
was wir tun,
entscheidend ist allein,
in welchem Geiste wir es tun.
Geist steht über Materie.
Geist formt Materie.

Wenn ich gesagt habe, dass es das Beste wäre, alle Sorgen um unsere Gesundheit aus unserem Kopf zu verbannen, dann ist dies leichter gesagt als getan, denn damit stehen wir einer mächtigen schulmedizinischen Lobby gegenüber, die uns z. B. fortwährend zu dieser und jener Vorsorgeuntersuchung rät.

Eine Darmspiegelung z. B. (man weiß ja nie!), eine Prostatauntersuchung vielleicht (ein Mann in Ihrem Alter!), eine Mammografie (Sie wissen ja, 50 %) oder zumindest doch eine Blutuntersuchung, ein Abstrich usw. usw. Damit wird uns systematisch Angst gemacht, und Angst zieht immer genau das an, wovor wir Angst haben.

Wir glauben dabei, alles für unsere Gesundheit zu tun, und laufen doch Gefahr, das genaue Gegenteil zu bewirken. Wir leben in einer Vorsorge- und Verhinderungshysterie, die genau das anzieht, was wir eigentlich verhindern wollen. Eine Frau berichtete mir Folgendes.

Sie konsultierte eine Frauenärztin, da ihr die sich abzeichnenden Wechseljahre einige Schwierigkeiten bereiteten, sonst fehlte ihr nichts. Natürlich kam sie um eine gynäkologische Untersuchung nicht herum, und ganz nebenbei wurde in der Anamnese die gesamte Familiengeschichte in Bezug auf Krankheiten durchforstet. Gründlich nennt man so etwas und Eindruck macht es allemal.

Als diese Frau dann nichtsahnend berichtet, dass ihre Mutter einmal an Brustkrebs operiert worden war, sagte ihr die Ärztin, dass auch sie damit höchst gefährdet sei und eine Mammografie dringendst erforderlich wäre. Diese Ärztin machte ihr regelrecht Angst, denn wenn da etwas wäre und man es zu spät bemerke, sei es auch unter Umständen zu spät. Absolut negative Suggestionen, die ein dafür anfälliges Unterbewusstsein (das Krankheit für möglich hält) bereitwillig aufnimmt.

Ich halte derartige Aussagen und Prognosen für mehr als fragwürdig. Teilweise grenzen sie für mich an Körperverletzung. Ein Mensch, der keinerlei Probleme hatte, gesund und fröhlich lebte und auch keinerlei Zweifel an seiner Gesundheit hatte – immer noch die beste Gesundheitsvorsorge –, hatte nun plötzlich ein Problem.

Indirekt wurde dieser Frau klargemacht, dass sie ja eigentlich gar nicht gesund sein könne, weil ja ihre Mutter ... Die Mammografie, die sie leider nicht den Mut hatte zu verweigern, blieb dann – ganz gegen die Erwartung der Ärztin – ohne Befund. Aber die Untersuchung müsse sie nun trotzdem wenigstens alle zwei Jahre wiederholen, wie man der Frau dringend nahelegte. Ein Leben mit der Sorge um Brustkrebs also und so etwas wie eine Dauerpatientin für die Praxis.

Nun wird natürlich die Schulmedizin alle Statistiken heranziehen, um einen genetischen Zusammenhang des Geschehens zwischen Müttern und Töchtern zu beweisen. Mit Statistiken lässt sich am Ende so gut wie alles beweisen – nur nicht die Wahrheit.

Die Wahrheit liegt wie so oft in der Mitte. Es ist ebenso falsch, sich in keiner Weise um seine Gesundheit zu kümmern, alles in sich hineinzustopfen, sich zu wenig zu bewegen, zu rauchen und dem Alkohol reichlich zuzusprechen, wie es falsch ist, allem zu entsagen und nur noch seine Gesundheit im Sinn zu haben. Jedes Extrem ist von Übel.

Allein entscheidend ist der bewusste Umgang mit der Fülle der Schöpfung.

Lassen Sie mich unter dem Thema Gesundheit auch noch ein Wort zum Umgang mit Ärzten und anderen Heilberufen sagen, auch wenn ich mir dadurch in diesem Bereich nicht unbedingt Freunde schaffe.

Ärzte und andere Heilberufe sind Dienstleistungsberufe, deren wir uns bedienen können, deren Dienste wir in Anspruch nehmen können. In gewisser Weise gehöre ich ja selbst dazu. Wenn die Menschen keine Probleme mehr hätten, müsste ich das Sozialamt bemühen. Aber ich bin ganz sicher, dass dieser Zustand in absehbarer Zeit nicht eintreten wird.

Ärzte und andere Heiler sind keine gottähnlichen Wesen, denen wir die Verantwortung für unsere Gesundheit übertragen können. Auch der Herr Professor nicht. Niemand – außer uns selbst – ist für unsere Gesundheit wie auch unser gesamtes Wohlbefinden verantwortlich.

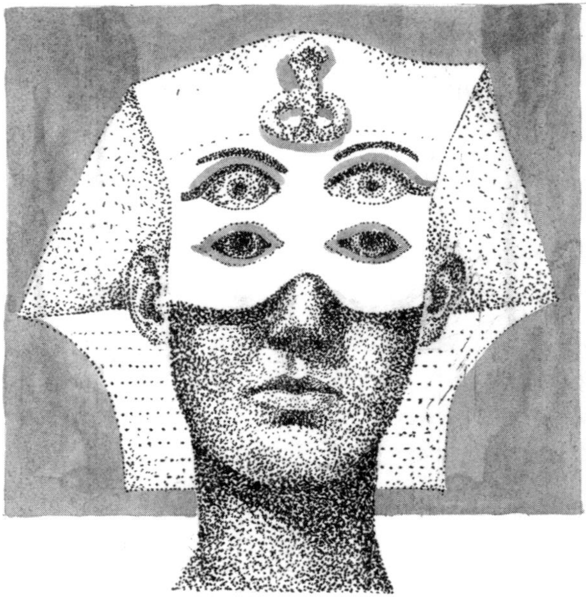

Wenn schon manchmal unumgänglich, dann seien wir wenigstens kritische Patienten. Lassen wir uns nicht einfach etwas verschreiben, ohne nachzufragen, was dieses oder jenes Medikament exakt bewirken soll und wie und wodurch seine Wirkung erreicht wird. Lassen wir uns auch nicht einfach wieder „einbestellen“, ohne zu fragen, warum. Es ist nicht unsere Aufgabe, zum Durchlauf einer Arztpraxis beizutragen.

Ärzte und andere Heilberufe
leben davon, dass wir krank sind.
Sie leben nicht davon,
dass wir gesund sind.

Sie befinden sich damit in einem dauernden Interessenkonflikt. Einerseits brauchen sie unsere Krankheit, andererseits sollen sie uns gerade davon befreien. Und wenn unser Wehwehchen dann schon nicht viel hergibt, dann doch wenigstens eine regelmäßige Vorsorge – es könnte ja!

In einer ärztlichen Praxis gibt es kein höheres Gut als das Patientengut, so bezeichnet man die Gesamtzahl der Patienten einer Praxis. Also, Gott erhalte mir meine Patienten! Aber gerade in dieses Spiel sollten Sie sich nicht einbinden lassen.

Leben Sie,
haben Sie Freude am Spiel des Lebens,
nutzen Sie die Fülle der Schöpfung
und tun Sie sich nichts an,
was Ihnen nicht gut tut.
Gesünder können Sie nicht leben!

Nun höre ich immer wieder sagen, dass ja die Ärzte die Fachleute sind, die Medizin studiert haben. Dass wir einfach zu wenig von dieser Materie verstehen und damit keine andere Wahl haben, als ihren Anordnungen, Verordnungen, Nachkontrollen und Vorsorgeempfehlungen brav zu folgen.

Schade, wenn Sie so denken. Sie haben dabei den wichtigsten Arzt in Ihrem Leben, Ihre innere Stimme, Ihr Gefühl dafür, was richtig und was falsch für Sie ist, aus den Augen verloren. Haben Sie den

Mut, auf Ihren inneren Arzt zu hören. Er weiß mehr, als jeder Arzt von außen wissen könnte. Er kennt Sie besser, als jeder fremde Arzt sie kennen könnte.

Sagt Ihnen Ihr innerer Arzt, sagt Ihnen Ihr Gefühl, dass Ihnen dieses Medikament mehr schadet als nutzt, haben Sie den Mut, mit dem verschreibenden oder einem anderen Arzt darüber zu sprechen, oder setzen Sie es einfach ab.

Sie sind für Ihr Leben
und Ihren Körper verantwortlich,
nicht ihr Arzt, Ihre Ärztin,
Ihr Heilpraktiker,
Ihr Psycho-, Physio- oder
sonstwie Therapeut.

In Deutschland sterben jährlich mehr Menschen an falsch verordneten Medikamenten, als wir im selben Zeitraum an Verkehrstoten zu beklagen haben.

Nun, auch hier ist wieder der goldene Mittelweg angezeigt. Absolutes Misstrauen gegen Heilberufe ist ebenso falsch, wie absolutes Vertrauen falsch ist. Bleiben Sie kritisch, hören Sie vor allem auch auf Ihren inneren Arzt.

Nutzen Sie die vielfältigen Möglichkeiten, die Ihnen das Gesundheitssystem bietet, aber lassen Sie sich nicht benutzen. Halten Sie die Fäden in der Hand.

Weitere zehn Prozent mehr Lebensfreude

Fange jetzt an zu leben
und zähle jeden Tag für sich!

(Lucius Annaeus Seneca,
4 v. Chr. – 65 n. Chr.)

10%

Einer der größten Fehler, den Sie machen könnten, besteht darin, dass Sie dieses Buch zu Ende lesen, dass Sie das, was ich darin gesagt habe, auch durchweg vernünftig finden, aber dann leider irgendetwas „erst noch müssen", bevor Sie mit den entsprechenden Veränderungen beginnen können.

Ich garantiere Ihnen, wenn Sie jetzt noch „erst etwas müssen", werden Sie auch den Rest Ihres Lebens noch „erst etwas müssen". Sie werden immer ein Alibi finden, das es ratsamer erscheinen lässt, die alten Gewohnheiten „im Moment" nicht anzutasten.

Ich weiß es ja, ich habe es ja auch erkannt, im Prinzip will ich ja auch, aber im Moment … leider … ich muss erst noch!

Sie leben jetzt, in diesem Moment,
und wenn Sie in diesem „Ihrem Leben"
etwas verändern wollen,
dann müssen Sie auch in
diesem Moment damit anfangen –
oder es ändert sich nichts.

Besser wäre es in solchen Fällen, Sie hätten dieses Buch nicht gelesen. Dann wäre das Leben halt so weitergelaufen, wie es bisher gelaufen ist. Aber nun haben Sie hoffentlich so einiges entdeckt, was falsch gelaufen ist, nun haben Sie etwas erkannt, was dringend geändert werden müsste, nun sehen Sie Ihre Fehler, können aber im Moment nichts ändern, weil Sie ja „erst noch müssen".

Sie Ärmster oder Sie Ärmste! Ihr Frust und Ihre Unzufriedenheit werden noch größer werden, als sie es vermutlich vorher schon waren. Sie fühlen sich wie in einer Falle. Sie möchten, aber Sie können nicht. Also bitte und ganz dringend:

Fangen Sie jetzt an –
oder Sie fangen nie an.
Sie müssen nicht erst noch.

Entlarven Sie Ihre Alibis als das, was Sie sind: „hinterhältige Bremsmanöver" Ihres Unterbewusstseins, für das die alten Verhaltensstrukturen inzwischen zur Wahrheit geworden sind. Mit solchen Alibis, mit solchen – manchmal sogar sehr vernünftig klingenden Scheinwahrheiten – bremsen Sie sich selber aus. Sie bleiben auf der Stelle stehen und müssen jetzt nichts tun – Sie müssen ja „erst noch".

Ich kenne Menschen, die mussten ein Leben lang „erst noch", und als man den Deckel auf ihren Sarg schraubte, hätten sie wohl auch am liebsten „erst noch …". Etwas spät – oder?

Etwas weniger heftig, in ihren Auswirkungen aber nicht weniger behindernd sind Alibis, die ich als lauwarme Brühe bezeichne. Weder Fisch noch Fleisch: *„Ich fange ja jetzt an, ich habe ja sogar gestern schon, aber ich kann doch nicht alles gleich so brutal, ich kann doch nur langsam …* Nun ja, wenn Sie meinen, dann machen Sie halt langsam.

***Je langsamer Sie sich bewegen,
desto größer ist die Gefahr,
dass Sie dabei einschlafen.***

Doch selbst daraus kann man dann wiederum das wunderbare Alibi „Ich hab's ja versucht" ableiten. Die Welt ist voller Alibis. Es gibt nichts, wozu es nicht auch eine Rechtfertigung gäbe. In unserer heutigen Welt findet man sogar ein Alibi dafür, sich und andere „im Namen Gottes" in die Luft zu sprengen.

Betrachten wir die Notwendigkeit, jetzt anzufangen, auch noch aus einer anderen Sicht. Wenn ich Sie z. B. fragen könnte, wie es Ihnen „jetzt" geht, wie Sie sich „jetzt" fühlen, wie es „jetzt" mit Ihrer Lebensfreude bestellt ist, dann hätten Sie im Prinzip drei Antwortmöglichkeiten: Gut, mittelprächtig oder schlecht.

Antworten Sie mit „gut", kann ich Ihnen nur empfehlen, absolut wachsam zu sein und in jeder Sekunde darauf zu achten, dass sich dieser Zustand durch nichts und niemanden ändert.

***Wenn es Ihnen „jetzt" gut geht
und Sie es schaffen, dabei zu bleiben,
geht es Ihnen
für den Rest Ihres Lebens gut.***

Das Leben ist immer nur der kurze Moment, in dem wir leben. Vergangenheit und Zukunft sind bei der Betrachtung des Lebens rein theoretische Begriffe.

Antworten Sie auf meine Frage mit „mittelprächtig" oder sogar „schlecht", dann besteht Ihr erster Schritt darin, sich darüber klar zu werden, warum dies so ist, und die Dinge oder Umstände zu ändern

– oder es ändert sich nichts. Es hat keinen Sinn, auf ein Wunder zu warten, denn inzwischen läuft Ihr Leben ab.

Die Vergangenheit ist das,
was einmal war –
aber sie ist „jetzt nicht existent“.
Die Zukunft ist das,
was einmal sein wird,
aber auch sie ist „jetzt nicht existent“.

Wenn wir es also schaffen, dass es uns immer genau „jetzt“ gut geht, und wir schauen dann nach einer Weile zurück, war die Vergangenheit gut. Wenn wir es schaffen, dass es uns immer „jetzt“ gut geht, wird auch die Zukunft gut sein.

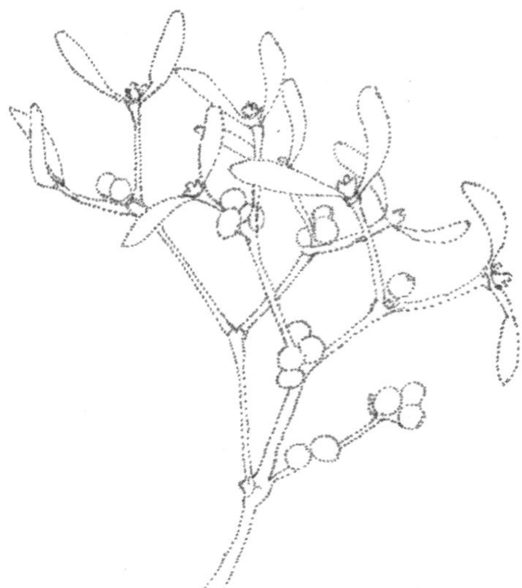

Die Vergangenheit besteht aus nichts anderem als den abgelaufenen „Jetzt“, die Zukunft besteht aus nichts anderem als den zukünftigen „Jetzt“. Das ganze Geheimnis besteht also darin, dafür zu sorgen, dass es uns „jetzt“ gut geht, dass wir uns „jetzt“ unseres Lebens erfreuen.

Es hat also keinen Sinn, „erst noch“ in dem alten Zustand zu verweilen und dann in ein bis zwei Monaten oder dann, wenn die Kinder aus dem Haus sind, das Haus abbezahlt ist, der Job ganz sicher ist, die Altersversorgung geklärt ist, das Erbe eingetreten ist usw., mit den notwendigen Korrekturen anzufangen. In der Zwischenzeit verpassen Sie Ihr Leben. Wie schade!

Also, wie geht es Ihnen „jetzt“, in diesem Moment? Ich will nicht wissen, wie es Ihnen heute Nachmittag ging oder wie es Ihnen – nach Ihren Erwartungen – vielleicht heute Abend gehen wird. Bitte ganz einfach: „Wie geht es Ihnen jetzt in diesem Moment?“

Wenn Sie dies nicht mit einem klaren „Gut“ beantworten können, folgen Sie meiner Empfehlung und überlegen Sie bitte sehr genau, warum es Ihnen „jetzt“ nicht gut geht.

***Was hindert Sie wirklich daran,
dass es Ihnen „jetzt“ gut geht?***

Vielleicht weil Ihr Chef heute Morgen … und diese offensichtliche Ungerechtigkeit noch immer in Ihnen kocht? Vielleicht weil Sie morgen früh … und schon allein die Vorstellung daran Zorn, Angst, das Gefühl der Ohnmacht oder was sonst auch immer in Ihnen weckt? Sehen Sie, das sind die klassischen Fehler, mit denen wir uns das Leben im Hier und Jetzt schwer machen.

***Mit Dingen, Begebenheiten
oder Umständen,
die in der Vergangenheit liegen
oder vielleicht in der Zukunft sein werden,
verderben wir uns die Freude
im Hier und Jetzt.***

Wenn Sie diesen Zusammenhang erkannt und verinnerlicht haben und dann auch noch in gelebtes Leben umsetzen, verbannen Sie ca. zwei Drittel der Gründe für Nichtgutgehen aus Ihrem Leben.

Nun gibt es aber auch Menschen, die haben so etwas wie Angst davor, dass es ihnen gut geht und sie Freude an diesem Leben empfinden. Unbewusst finden sie es höchst ungerecht, dass es ihnen gut geht, wo es doch so viele Menschen gibt, denen es ganz bestimmt nicht gut geht. Danach sieht es so aus, als sei der Mensch lediglich zum Leiden und Büßen geboren.

Darf ich diesen Unfug ein wenig geraderücken? Es ist natürlich richtig, dass es vielen Menschen – aus welchen Gründen auch immer – nicht gut geht. Aber wir helfen diesen Menschen nicht dadurch, dass wir uns freiwillig in die Zahl derer, denen es nicht gut geht, einreihen.

Es hat keinen Sinn, an der Ebene des Leidens teilzunehmen, es hat mehr Sinn, Leidende an der Ebene der Freude teilnehmen zu lassen.

***Also, sorgen wir dafür,
dass es uns gut geht
und wir Freude an diesem
Leben haben.
Denn nur, wenn es uns
gut geht, können wir andere
an unserem Gutgehen
und unserer Freude
teilhaben lassen.
Wer nichts hat, kann
nichts geben.***

Nur so reduzieren wir Leid – umgekehrt vermehren wir Leid. Das so genannte „Mitleid" ist also etwas höchst Überflüssiges. Leid ist schon genug vorhanden. Wir müssen nicht auch noch mitleiden.

Was hingegen vonnöten ist, ist Mitgefühl. Ich fühle mit diesen Menschen und versuche sie auf eine andere Ebene zu ziehen, versuche sie an meiner Freude teilhaben zu lassen. Ich versuche sie auf meine Ebene zu ziehen. Es hilft nichts, wenn ich auf ihre Ebene gehe.

Nichts anderes tue ich z. B. in meinem Beruf. Wenn ich mit jedem, der zu mir kommt, mitleiden würde, würden Sie vermutlich die schon etwas verblichene Inschrift auf meinem Grabstein, aber nicht dieses Buch lesen können. Es hätte längst nicht mehr geschrieben werden können.

Also sorge ich dafür, dass die Menschen, denen ich begegne, sich nach der Begegnung mit mir besser fühlen als vorher. Das hat Sinn. Keinen Sinn hätte es, wenn wir uns in unserem Leid so gut verstehen, dass wir uns gegenseitig in die Arme fallen und miteinander weinen. Es ist viel gesünder, miteinander zu lachen, selbst wenn wir dabei über uns selbst lachen.

Also, Sie müssen nicht
„erst noch".
Sie dürfen
sofort,
ja, Sie müssen
sofort.

Sie müssen sofort dafür sorgen, dass es Ihnen gut geht, auch wenn es anderen nicht so gut gehen sollte. Diese Form des Egoismus ist lebensnotwendig für Sie und Ihre Umwelt, die automatisch daran teilnimmt.

Ich hatte vor kurzem eine Frau in meiner Praxis, bei der man wohl ohne Zweifel ein sogenanntes „Burn-out-Syndrom" feststellen konnte. Sie sagte von sich selbst, dass sie sich für ihre Kinder und die Familie „aufgeopfert" habe und nun wirklich am Ende sei. Sie könne einfach nicht mehr.

Nun frage ich: Welchen Sinn ergibt so etwas? Was hat eine Familie, was haben Kinder von einer Mutter, die völlig fertig ist? Nichts – außer einen Pflegefall! Statt dafür zu sorgen, dass es ihr gut geht, hat sie ausschließlich dafür gesorgt, dass es anderen gut geht. Sie hat vergessen, ihr eigenes Reservoir aufzufüllen, bis sie dann leergelaufen ist. Hüten Sie sich vor solchen Fehlern und sorgen Sie dafür, dass es Ihnen gut geht – und zwar „jetzt!"

Natürlich können wir solches Fehlverhalten auch in Firmen, in Parteien und anderen Organisationen feststellen. Was soll man z. B. von einem Manager halten – der doch dafür sorgen oder zumindest beitragen sollte, dass es einer Firma gut geht –, wenn er nicht einmal im Stande ist, dafür zu sorgen, dass es ihm selbst gut geht?

Geht er am Ende mit den Ressourcen der Firma genau so verantwortungslos um wie mit seinen eigenen? Ich würde ihm das Vertrauen entziehen. Er hat sich für eine solche Aufgabe als unfähig erwiesen. Er ist im wahrsten Sinne des Wortes „überfordert“.

Ein paar kleine Hilfen zur erfolgreichen Umsetzung Ihrer Ziele

***Es ist leichter,
einen Konzern zu managen,
als das eigene Verhalten
zu meistern!***

Ein Konzern hat keine Gefühle, ein Konzern hat keine Emotionen. Er fühlt sich weder beleidigt noch missachtet, und Fehler in seiner Führung werden in der jährlichen Bilanz deutlich sichtbar.

Der Mensch ist dagegen eine deutlich kompliziertere Einrichtung – vor allem dann, wenn es um die Analyse der eigenen Fehler geht. Die Fehler und Eigenarten anderer Menschen erkennen wir sehr schnell, die eigenen Fehler und Eigenarten hingegen nur sehr langsam –, wenn wir überhaupt dazu bereit sind.

Die eigenen Fehler erkennen wir in der Regel immer erst dann, wenn wir uns durch unser Verhalten eine blutige Nase geholt haben, wenn wir mit dem Kopf gegen etwas angerannt sind, das sich als stärker erwiesen hat, und wir das erwünschte Ergebnis nicht erreicht haben.

Und was tun wir dann in der Regel? Wir pflegen unsere Nase, schwören hoch und heilig, das nächste Mal alles besser und richtig zu machen, wagen einen neuen Anlauf, rennen erneut an und holen uns erneut eine blutige Nase.

Nicht gerade intelligent – oder? Wir scheinen uns gar nicht anders verhalten zu können, obwohl wir es uns doch so sehr vorgenommen hatten. Es ist zum Verrücktwerden. Warum gelingt es uns einfach nicht? Immer und immer wieder die gleichen Fehler. Wir kennen das Spiel doch inzwischen.

Die Hoffnung, dass sich das, gegen das wir vergebens anrennen, von sich aus ändert, die Hoffnung, dass sich die Mitmenschen ändern und uns damit eine Änderung des eigenen Verhaltens erspart bleibt, geht so gut wie nie auf.

Aber wie kommt es nun, dass wir so etwas bei anderen Menschen schneller und treffender erkennen als bei uns selbst? Die Antwort ist relativ einfach: Bei anderen Menschen haben wir Abstand und beobachten deren Verhalten von außen – bei uns selbst haben wir diesen Abstand nicht – wir stecken mitten drin.

Solange wir etwas von außen beobachten,
halten wir Abstand, und
es kann uns nicht vereinnahmen.
Sobald wir den Beobachterstatus aufgeben,
verlieren wir diesen Abstand,
und es vereinnahmt uns.

Nun ist es sehr schwierig, das eigene Verhalten zu beobachten und dabei gleichzeitig den entsprechenden Abstand zu wahren. Die in unserem Unterbewusstsein verankerten Verhaltensstrukturen sind für uns mit der Zeit zu unumstößlichen Wahrheiten geworden und lassen sich nicht so einfach in Frage stellen. Wir sehen die Welt aus der Perspektive, aus der wir sie bisher erlebt haben. Wir sehen sie mit der Summe unserer Aufzeichnungen.

Dass auch eine andere Perspektive möglich wäre, die dann auch ganz andere Aufzeichnungen hinterlässt, können wir uns zwar theoretisch vorstellen, aber praktisch nicht umsetzen. Dazu fehlen uns eben jene Aufzeichnungen, fehlen uns alternative Verhaltensmöglichkeiten. Es bleibt uns nur der Weg, in kleinen, gangbaren Schritten mit der systematischen Ansammlung neuer Aufzeichnungen zu beginnen.

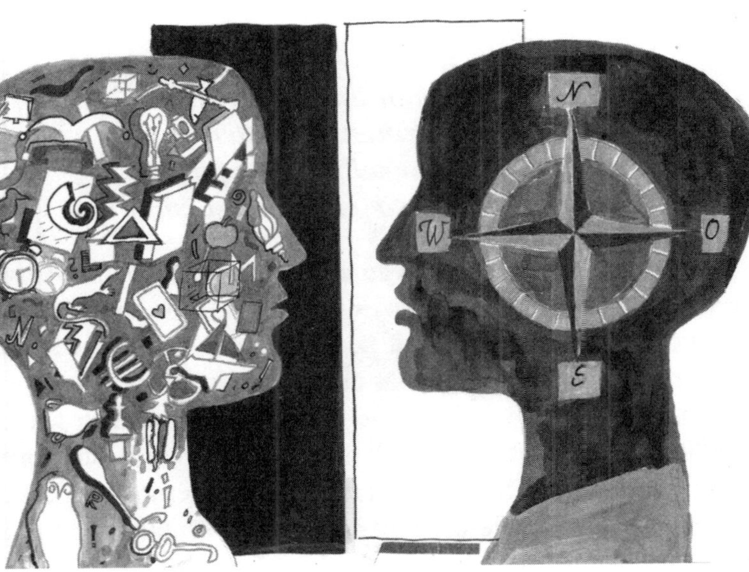

Unsere Aufzeichnungen sind für uns so etwas wie die Software eines Computers. Ein Computer kann immer nur das, was seine Software hergibt. Solange wir die Software nicht ändern, wird er uns immer wieder dasselbe Ergebnis liefern. Unser Verstand wie auch unser Unterbewusstsein arbeitet auf der Basis unserer Aufzeichnungen. Was wir nicht erfahren haben, worüber es keinerlei Aufzeichnungen gibt, ist für uns im wahrsten Sinne des Wortes sogar „un-“ denkbar.

Versuchen wir doch einmal einem afrikanischen Buschmann, der des Lesens und Schreibens unkundig ist und seine Heimat nie verlassen hat, zu erklären, dass Wasser so hart wie ein Stein werden kann. Er wird uns für verrückt halten.

Aber wie können wir nun unsere Software ändern? Beim Computer ist dies ja noch verhältnismäßig einfach – zur Not kaufen wir einfach eine andere Software, aber bei uns selbst? Trotzdem ist die Antwort auch hier wieder relativ einfach, und ich habe das Prinzip schon angedeutet:

Wir können unsere Software in kleinen Schritten und auf demselben Weg ändern, auf dem sie entstanden ist.

Am besten erkläre ich dies an einem Beispiel: Wenn Sie in Ihrer Erziehung gelernt haben, dass es wichtig ist, was andere Leute von Ihnen denken, wenn es Ihren Eltern wichtig war, wie sie angesehen wurden, wie sie da standen, was die Nachbarn und was andere Leute von ihnen dachten, wie ihr Sohn oder ihre Tochter angesehen wurden, und sich so verhielten, dass man ihnen ja nichts vorwerfen konnte, dann waren Sie damit einer Konditionierung ausgesetzt, die auch heute noch – wie die Software eines Computers – Ihr grundsätzliches Verhalten bestimmt.

Vielleicht sind Sie inzwischen schon viel lockerer geworden, aber ganz loswerden können Sie diese Prägung – ohne dass Sie bewusst daran arbeiten – nicht. Ich habe diese dauernde Auseinandersetzung zwischen bewusster und unbewusster Ebene in meinem Buch „Das Doppel-Ich“ anhand meiner eigenen Lebensgeschichte ausführlich behandelt und auch den Weg aufgezeigt, wie ein Umbau unserer Verhaltensstrukturen zu erreichen ist. Hier werde ich mich kurz fassen, aber seien Sie sicher, ich empfehle Ihnen nichts, was ich nicht auch selbst schon durchgeführt habe.

Nun habe ich ja gesagt, dass das, was jemand von uns denkt, wie er uns sieht, ob er uns mag oder nicht mag, nichts über uns aussagt, sondern ausschließlich über den, der uns so sieht, der so denkt, der uns so mag oder nicht mag. Es spiegelt allein seine Sicht der Dinge. Es sagt ausschließlich etwas über seine Programmierung. Es sagt ausschließlich etwas über den Blickwinkel, aus dem heraus er die Welt betrachtet, es sagt etwas über seine Software. Ein anderer sieht uns womöglich ganz anders.

Im Prinzip ist es also völlig unsinnig, sich um die Sicht eines anderen zu kümmern, denn wenn wir dieser Sicht gerecht werden wollen, schüttelt womöglich derjenige den Kopf, der uns so mochte, wie wir waren, und sagt: „Der oder die hat sich leider völlig verändert – der/die war doch früher so nett."

Aber selbst wenn Sie dies ganz klar erkennen, wenn Sie dies aus vollem Herzen bejahen (wir haben ja auch schon vorher darüber gesprochen) und den klaren Vorsatz fassen, dass es Ihnen ab sofort relativ schnuppe ist, wie ein anderer Sie sieht, wird Ihnen dies nicht auf Anhieb gelingen, wenn Ihre Eltern Sie umgekehrt konditioniert haben.

Unsere im Unterbewusstsein gespeicherten Konditionierungen sind zunächst immer mächtiger als unser Verstand.

In einer entsprechenden Situation werden wir automatisch so reagieren, wie wir immer regiert haben, werden die Situation genau so empfinden, wie wir solche Situationen schon immer empfunden haben. Natürlich können wir uns anschließend darüber ärgern, aber damit vergrößern wir nur den Schaden. Ärger ist immer unproduktiv.

Eine Änderung behindernder Konditionierungen kann immer nur in kleinen Schritten erfolgen.

So, wie sich die vermeintlichen Wahrheiten einmal aufgebaut haben, so können wir sie auch wieder abbauen und durch andere Wahrheiten ersetzen. Und dazu gibt es sogar noch eine gute Nachricht:

Auch wenn die Zeit der Konditionierungen eine ganze Lebensphase umfasste, können wir „jetzt" eine Änderung dieser Konditionierungen im Zeitraffertempo durchführen.

In einem knappen Jahr können wir mehr umbauen, als in zwanzig Jahren aufgebaut wurde. Aber so viel Zeit brauchen wir schon.

Auch dazu ein Beispiel: Wenn Sie es als Sekretärin nie gewagt haben, im Dienst Ihre duftige und etwas offenherzigere Sommerbluse zu tragen, weil Sie fürchteten, dass man dann über Sie als Single dumm redet, dann durchbrechen Sie diese Begrenzung am leichtesten dadurch, dass Sie diese Bluse erstmalig an einem sommerlich warmen Freitag – wo Ihr Dienst ohnehin am Mittag endet – tragen. Diesen halben Tag werden Sie leichter durchstehen als einen ganzen Tag. Feige? Keineswegs – nur klug, und der erste kleine Schritt ist damit getan.

Beobachten Sie an diesem Freitagmorgen die Reaktion der männlichen Kollegen. Beobachten Sie, wie sie verlegen schauen und gleichzeitig bemüht sind, doch nicht zu schauen. Amüsieren Sie sich! Beobachten Sie die giftigen Blicke einiger Kolleginnen und registrieren Sie auch die aufmunternden Kommentare anderer Kolleginnen oder vielleicht sogar Ihres Chefs, den Sie ganz anders eingeschätzt hatten. Fühlen Sie sich wie ein Zuschauer im Kino und beobachten Sie vor allem auch das, was in Ihrem Inneren abläuft.

Werden Sie zum Zuschauer der eigenen Komödie.

Behalten Sie Ihren Beobachterstatus und lassen Sie sich auf gar keinen Fall in den Film hineinziehen, der da abläuft. Sie sind der Regisseur, Sie haben die Fäden in der Hand. Wenn Sie dann noch einige Male in diesem Sommer in derselben Bluse erscheinen, wird die Angelegenheit immer normaler. Für Sie – und für die Gaffer. In relativ kurzer Zeit wird niemand mehr etwas dabei finden, dass Ihre Garderobe von eher konservativ zu nunmehr eher progressiv wechselt.

In relativ kurzer Zeit wird wahrscheinlich Ihr ganzer Lebensstil von eher konservativ zu eher progressiv wechseln – wenn Sie systematisch und in kleinen Schritten daran arbeiten. Der Wandel, den Sie innerlich vollziehen, wird sich im Außen dokumentieren. Wie innen – so außen. Umgekehrt geht es leider nicht, obwohl dies immer wieder empfohlen wird.

„Schaffen Sie Ordnung auf Ihrem Schreibtisch" – „Schaffen Sie Ordnung in Ihrem Kleiderschrank, in Ihrem Keller" usw. Immer wieder hört man solche Aufforderungen, und ganze Bücher werden mit solchen Themen gefüllt. Ich garantiere Ihnen, wenn Sie in Ihrem Inneren keine Ordnung schaffen, wird Ihr Schreibtisch, Ihr Kleiderschrank, Ihr Keller nach kurzer Zeit wieder so aussehen, wie er immer aussah.

Das einfache Beispiel der offenherzigeren Bluse enthält drei ganz wichtige Komponenten zum erfolgreichen Umbau der eigenen Verhaltensstruktur:

1. **In den Beobachterstatus wechseln. Zum Zuschauer der eigenen Komödie werden. Abstand bewahren!**
2. **Systematisch und bewusst arbeiten. Vierundzwanzig Stunden wachsam bleiben. Immer wieder korrigieren.**
3. **Sich in kleinen Schritten bewegen. Wer in großen Schritten und zu schnell losrennt, erreicht sein Ziel nie.**

Aber was heißt es nun, in den Beobachterstatus zu wechseln? Wie macht man das? Ganz einfach! So, wie ich andere Menschen und deren Verhalten beobachte, so beobachte ich nun mich selbst. Dabei wenden Sie bitte folgenden kleinen Trick an.

Erinnern Sie sich daran, dass wir gesagt haben, dass der Mensch ein Wesen auf zwei verschiedenen Ebenen ist: der unbegrenzten, geistigen Ebene und der begrenzten, körperlichen Ebene. Zwischen diesen beiden Ebenen hatten wir das emotionale Zentrum angesiedelt, das von beiden Seiten beeinflusst wird.

Die Verhaltensstrukturen, um die es hier geht, sind in diesem Modell allein der körperlichen Ebene zuzuordnen, zu der auch unser Verstand zählt. Es ist allein diese Ebene, die von Geburt an konditioniert wurde. Es sind jene Aufzeichnungen, die sich von unserer Zeugung bis jetzt gesammelt haben. Unsere unbegrenzte, geistige Ebene – unser göttliches Erbe – blieb davon unberührt.

Es ist also allein Ihr Körper, Ihr Franz, Ihre Klara, Ihre Jennifer, Ihr Thomas oder wie auch immer man Sie genannt hat, den die Änderung betrifft. Sie selbst, das unbegrenzte, geistige Wesen in diesem Körper, der Hausherr also, Sie beobachten dies alles nur. Also reden Sie mit Ihrem Franz, reden Sie mit Ihrer Klara, Ihrer Jennifer, Ihrem Thomas usw., verhandeln Sie mit ihnen, führen Sie sie behutsam zu neuen Erfahrungen. Wenn wir bei unserem Beispiel bleiben, reden Sie mit der Klara etwa so:

Ich weiß, dass du Schwierigkeiten damit hast, diese Bluse im Büro anzuziehen. Ich weiß, dass du die Kommentare, Blicke und Gedanken der anderen fürchtest. Ich weiß aber auch, dass du deine Figur nicht zu verstecken brauchst, ich weiß auch, dass es dir insgesamt gut tun wird, und so werden wir es zunächst einmal am kommenden Freitag probieren. Ich werde dir helfen, unseren Auftritt zu genießen … usw.

Nehmen Sie also Ihren Vornamen als Synonym für Ihre konditionierte körperliche Existenz, schauen Sie auf die Figur mit diesem Vornamen so, wie Sie auch auf Ihre Freunde und Bekannten schauen, und identifizieren Sie Ihr eigenes Ich ausschließlich mit Ihrer unbegrenzten, geistigen Existenz.

Ich, das unbegrenzte, geistige Wesen, schaue auf diesen meinen Körper.

Ich habe Ihnen eine ähnliche Technik bereits unter dem Kapitel „Bleiben Sie gesund“ etwas näher gebracht. Wichtig ist, dass Sie „liebevoll“ auf diese Klara schauen, dass Sie liebevoll mit ihr reden und verhandeln. Sie wollen ja keinen Krieg, Sie wollen keinen Kampf, Sie wollen Partnerschaft, Sie wollen Freundschaft. Sie sind nicht diese Figur. Es ist lediglich eine Rolle, in die Sie hineingewachsen sind. Sie könnten auch ganz andere Rollen spielen, sie könnten auch ganz anders sein.

Stellen Sie sich vor, dass Sie nach Ihrer Geburt auf der Babystation eines Krankenhauses vertauscht worden wären. In diesem Fall wären Sie bei ganz anderen Eltern und in ganz anderen Verhältnissen aufgewachsen. Glauben Sie etwa im Ernst, dass Ihre Denk- und Verhaltensstrukturen heute die gleichen wären? Nein! Sie wären völlig anders, und genau das ist es, was man unter einer Konditionierung versteht.

Schauen wir uns nun den zweiten Punkt an: systematisch und bewusst arbeiten. Vierundzwanzig Stunden wachsam beleiben. Immer wieder korrigieren.

Systematisch arbeiten heißt z. B., dass Sie sich zunächst nur ein oder zwei Felder vornehmen, die Sie ändern wollen. Packen Sie nicht gleich alles an. Damit werden Sie keinen Erfolg haben. In den ausgesuchten Feldern beginnen Sie mit den leichtesten Aufgaben. Wenn Ihnen die ersten leichten Verhaltensänderungen gelungen sind, beziehen sie daraus eine neue Sicherheit, und die Umwandlung der schweren Brocken fällt Ihnen dann etwas leichter.

Natürlich können Sie keine vierundzwanzig Stunden wachsam sein. Dies ist freilich nur symbolisch gemeint. Irgendwann müssen Sie ja schlafen. Aber in der Zeit außerhalb des Schlafens müssen Sie nicht nur wach, sondern „hellwach" sein. Ein hellwacher Beobachter, der liebevoll mit der Klara redet, der sie führt, der korrigiert und ihr immer wieder Mut macht, denn den braucht sie.

Gehen wir zum dritten Punkt: sich in kleinen Schritten bewegen. Wer in großen Schritten und zu schnell losrennt, erreicht nie sein Ziel. Dies ist nach meiner Erfahrung der häufigste Fehler in einem solchen Prozess. Statt einer positiven Erfahrung, die Sie weiter bringen würde, machen Sie ganz im Gegenteil eine negative Erfahrung, die sie nicht nur zurückwirft, sondern die auch noch die alten Muster bestätigt.

Ich habe es wieder nicht geschafft. Ich kann das einfach nicht. Ich gebe es auf. Es hat keinen Sinn. Ich bin nun einmal so.

Genau davor möchte ich Sie mit meinen Empfehlungen bewahren. Genau daran scheitern die meisten Versuche, und genau das sagt Ihnen normalerweise niemand. Der Mensch kann alles, er muss nur wollen, er muss nur an sich glauben, er darf nur nicht aufgeben, so lauten die beliebtesten Parolen einiger Schreihälse auf diesem Feld. Ja, wenn es so einfach wäre, dass wir nur wollen müssten.

Mit Wollen hat es leider nur wenig zu tun. Wollen möchten wir schon, nur haben wir uns nicht getraut zu denken, dass wir auch dürfen. Ich sage es noch einmal: Wenn sich unser Verstand und unsere unbewusste Ebene gegenüberstehen, siegt zunächst immer und ausschließlich die unbewusste Ebene.

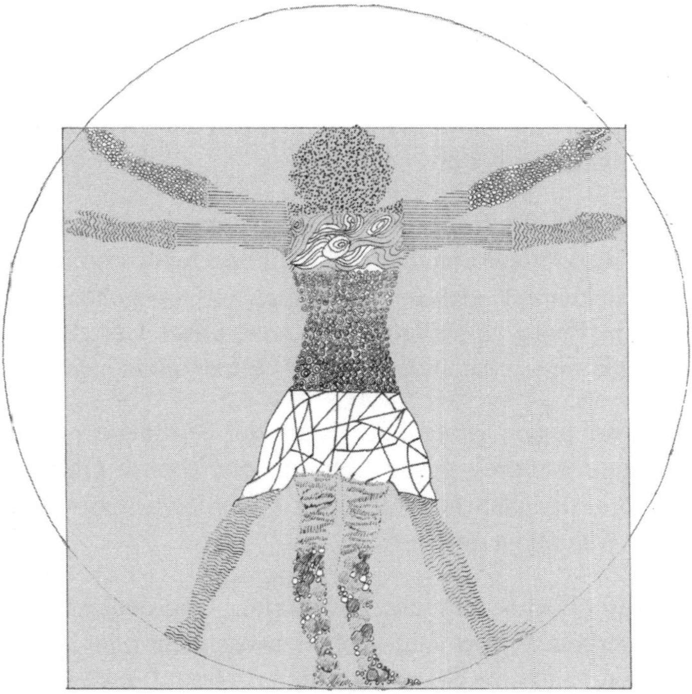

Unser Wollen liegt auf der Verstandesebene, unsere Konditionierungen auf der unbewussten Ebene. Stellen wir uns diese unbewusste Ebene als ein riesiges Archiv vor, in dem alle entscheidenden Vorgänge unseres Lebens fein säuberlich und nach Themen geordnet abgeheftet sind.

Wenn dort einige hundert Vorgänge abgeheftet sind, die allesamt zu der vermeintlichen Wahrheit geführt haben, dass wir etwas Bestimmtes nicht können, dann ist dies für unser Unterbewusstsein eine gewachsene und unverrückbare Wahrheit. Jederzeit beweisbar, jederzeit nachlesbar und ohne jeden Zweifel.

Wenn wir nun trotzdem versuchen, eine Akte einzuliefern, die nicht nur beweisen soll, dass wir es können, sondern dass wir es sogar noch besser können als andere, dann wiehert unser Unterbewusstsein zunächst einmal vor Vergnügen und hält das für nichts anderes als groben Unfug. Die gesammelten Beweise des Gegenteils sind zu mächtig. Unsere neue Akte wird zunächst nicht angenommen. Es gibt keinen Platz dafür. So etwas haben wir ganz einfach nicht. So etwas kam bei uns noch nie vor!

Nun kommt es allein auf unsere Hartnäckigkeit an. Wenn wir täglich mehrmals kleine Akten einliefern, die geeignet sind, die bisherige „unverrückbare Wahrheit" allmählich aufzuweichen und mehr und mehr in Frage zu stellen, dann wird unser Unterbewusstsein nicht umhinkommen, auch dafür einen Ordner anzulegen.

Wenn dieser neue Ordner dann mächtiger wird als der alte, haben wir eine neue Wahrheit geschaffen, die nun ebenso Gültigkeit besitzt, wie die alte Wahrheit für unser Unterbewusstsein Gültigkeit besaß. Der Wandel ist geschafft.

Also, etwas Geduld brauchen wir schon. Und denken Sie daran, die alte Wahrheit ist über Jahrzehnte hinweg mehr oder weniger zufällig entstanden. Wenn Sie nun systematisch und in kleinen Schritten an einer neuen Wahrheit arbeiten, schaffen Sie deren Etablierung im Zeitraffertempo.

Ich möchte Ihnen die Arbeit des Draufschauens noch durch eine Technik erleichtern, die ich schon verschiedentlich erklärt habe: Beginnen Sie zunächst einmal damit, alle Eigenschaften aufzulisten, die Ihnen zu Ihrer Klara oder Ihrem Franz einfallen. Notieren Sie diese Eigenschaften völlig unsortiert und immer nur in einem typischen Wort, z. B.: tolerant, missgünstig, nachtragend, harmoniebedürftig, ängstlich, ordentlich, sparsam, provozierend usw. Am besten, Sie nehmen ein großes Blatt und teilen dieses in mehrere Spalten, so haben Sie nachher den besten Überblick.

Lassen Sie bei dieser Auflistung nichts aus. Es ist nicht entscheidend, ob Sie eine Eigenschaft mögen oder nicht mögen, ob Sie damit einverstanden oder nicht einverstanden sind, ob Sie sie als positiv oder negativ empfinden. Sie erstellen nichts anderes als eine völlig emotionslose Buchhaltung, nichts als ein Postenverzeichnis.

Vielleicht brauchen Sie ein oder zwei Tage dazu, denn es wird Ihnen immer wieder etwas einfallen, und es ist enorm wichtig, dass Sie gründlich arbeiten. Wenn Sie dann Ihr Verzeichnis erstellt haben, versuchen Sie eine gewisse Ordnung in das vor Ihnen liegende Chaos zu bringen.

Überlegen Sie, welche der aufgezeichneten Eigenschaften zusammenpassen könnten. Ängstlich, zurückhaltend, feige, nachgiebig, unentschlossen, introvertiert z. B. würden so etwas wie eine Gruppe von Eigenschaften ergeben, die in die gleiche Richtung laufen.

Nehmen Sie dann ein anderes Stichwort, zu dem Sie in Ihrer Liste weitere ergänzende Eigenschaften suchen. Provozierend, arrogant, ungehorsam, kompromisslos, kämpferisch usw. würden z. B. wieder zusammenpassen.

Ich weiß natürlich nicht, was in Ihrer Liste steht, aber wundern Sie sich nicht, wenn diese Gruppe das völlige Gegenteil der ersten Gruppe ist. Ein Mensch kann völlig widersprüchliche Persönlichkeitsanteile in sich haben, reagiert in einer Situation z. B. mit Rückzug und in einer anderen Situation mit Aggression.

Wenn Sie Ihre Liste völlig durchgearbeitet haben, müssten fünf bis sechs Gruppen entstanden sein. Wenn es mehr als fünf bis sechs Gruppen sind, haben Sie etwas falsch gemacht und müssen noch einmal zuordnen.

Geben Sie dann den einzelnen Gruppen einen typischen Namen: z. B. Feigling, Draufgänger, Schmusekater, Kind, Schauspieler usw. Bei einer Dame, die bei sich ein starkes Helfersyndrom entdeckte, haben wir diese Gruppe als „Mutter Teresa, die Jüngere" bezeichnet. Es muss dabei nicht alles so furchtbar ernst zugehen.

Die fünf bis sechs Gruppen, die Sie erarbeitet haben (vielleicht sind es auch nur vier), sind so etwas wie der Kern Ihrer Persönlichkeitsstruktur. Wenn Sie Ihre Aufzeichnungen und Gruppenbildungen korrekt durchgeführt und nichts ausgelassen haben, werden Sie erkennen, dass Ihr Verhalten sich immer innerhalb einer dieser Gruppen bewegt. Ein Verhalten außerhalb einer solchen Gruppe ist Ihnen nicht möglich. Dazu fehlt die entsprechende Software.

Diese Gruppen sind Teile Ihrer menschlichen Persönlichkeit, Teilpersönlichkeiten sozusagen, und erst wenn Sie die Übersicht über diese Anteile haben, können Sie entscheiden, was Sie davon „ab"-bauen und was Sie davon „aus"-bauen wollen. Hier fängt dann Ihre Arbeit der behutsamen Eingabe neuer Akten an.

Nun ist eine solche Selbstanalyse sicher nicht als „wissenschaftlich fundiert" zu bezeichnen. Ich erlebe es immer wieder, dass ich noch einiges korrigieren und umschichten muss, wenn jemand mit einer solchen Analyse zu mir kommt. Aber nach meinen Erfahrungen ist sie mindestens zu fünfundachtzig Prozent richtig, und es ist allemal besser, eine fünfundachtzigprozentige Klarheit zu haben als gar keine.

Wenn ich gesagt habe, dass sich Ihr Verhalten immer in einer dieser

Teilpersönlichkeiten bewegt, dann macht es Ihnen die Kenntnis dieser Teile wesentlich leichter, in den Beobachterstatus zu gehen und von außen draufzuschauen. Sie wissen dann, welches Muster gerade abläuft. Sie können leichter mit Ihrer Klara oder Ihrem Franz reden, Sie können sie leichter führen und auch evtl. korrigieren.

Wichtig ist, dass Sie sich nicht vereinnahmen lassen, dass Sie die vermeintlichen Wahrheiten dieser unterschiedlichen Persönlichkeitsanteile nicht übernehmen, denn dann sind Sie ebenso zerrissen, wie diese Anteile zerrissen sind. Im Extremfall von himmelhoch jauchzend bis zu Tode betrübt.

Sie sind das unbegrenzte, geistige Wesen in diesem Körper. Sie bleiben außen vor, beobachten, korrigieren und reden mit der Klara, dem Franz oder wie auch immer Ihr Vornahme lautet.

Sie nehmen sie ebenso liebevoll an die Hand, wie Sie ein Kind liebevoll an die Hand nehmen würden. Das Kind weiß nicht anders, aber Sie wissen anders und werden dieses Kind behutsam in eine neue Wahrheit führen – geduldig – Schritt für Schritt.

Ich habe diesen Körper,
aber ich bin nicht dieser Körper.

Ich habe Gedanken,
aber ich bin nicht diese Gedanken,

Ich habe Gefühle,
aber ich bin nicht diese Gefühle.

Ich bin das, was dies alles wahrnimmt,
das Leben, das Bewusstsein,
der unbegrenzte Geist
in diesem Körper.

Ganz zum Schluss noch eine Empfehlung: Sie haben sich sicher gewundert, dass wir ein so ausführliches Inhaltsverzeichnis erstellt haben, in dem die wesentlichen Eckpunkte eines jeden Kapitels aufgeführt sind. Dies hat einen ganz speziellen Grund.

Ihr Unterbewusstsein neigt dazu, mit der Zeit alles zu verdrängen, was nicht konform zu seinen bisherigen Aufzeichnungen ist, was nicht konform zu seinen einmal gewachsenen Wahrheiten ist. Auch das, was in diesem Buch steht, läuft Gefahr, mit der Zeit wieder verdrängt zu werden, sofern es nicht zu Ihren alten Wahrheiten passt. Nach einer Weile ist es so, als hätten Sie dieses Buch nie gelesen, obwohl Sie sich doch vorgenommen hatten, wenigstens einiges daraus umzusetzen.

Das etwas ausführlichere Inhaltsverzeichnis gibt Ihnen die Chance, sich mit einem kurzen Blick das Wesentliche noch einmal in Erinnerung zu rufen. Wenn Sie dabei feststellen, dass schon eine gewisse Verdrängung ihren Anfang genommen hat, nehmen Sie sich das entsprechende Kapitel noch einmal vor, oder lesen Sie zumindest die ***auf Mitte gestellten Texte*** noch einmal.

Ich wünsche Ihnen viel Erfolg
und vor allem Freude bei Ihrer Arbeit,
und vielleicht schicken Sie mir mal
eine E-Mail. Ich würde mich darüber freuen.

Ihr

Matt Galan Abend

Über die Künstlerin

Anette Kramer,
geboren 1959 in Burghaun (Hessen),
verheiratet, 2 Kinder,
künstlerisch tätig seit 1986.
Kunststudium bei Professor Milivoje Unkovic,
seit 2005 Dozentin für Kindermalkurse
bei der VHS des Landkreises Fulda,
lebt und arbeitet in Hünfeld.

Matt Galan Abend

GALAN-MASTER-TRAINING
„DER WEG ZUR MEISTERSCHAFT DES LEBENS"
*
EINZELCONSULTING IN ALLEN BERUFLICHEN
UND PRIVATEN PROBLEMSTELLUNGEN.
INTENSIVWOCHEN UND SEMINARE.
*
NEUE PSYCHOLOGIE UND
PSYCHOTHERAPIE

Ihre Kontaktmöglichkeit zum Autor:
WWW.GALAN-MASTER-TRAINING.DE
E-MAIL: GALANMASTER@AOL.COM

Weitere Bücher aus dem Verlag Via Nova:

Leben heißt Loslassen

Alles, was wir festhalten, hält auch uns fest

Matt Galan Abend

2. Auflage

Hardcover, 168 Seiten – ISBN 978-3-86616-024-8

Das Besitz anzeigende Fürwort MEIN ist sicher eines der meist gebrauchten Wörter unserer Sprache. Aber in Wirklichkeit ist nichts von dem, was wir für MEIN halten, wirklich unser Eigentum. Menschen schon gar nicht, und auch die materiellen Besitztümer, die wir mal mehr, mal weniger zur Verfügung haben, sind Leihgaben, mit denen wir eine Weile spielen dürfen. Wenn das Spiel unseres Lebens abgepfiffen wird, verlassen wir das Spielfeld, aber die Dinge können wir nicht mitnehmen. Fällt uns das Loslassen bei Dingen noch einigermaßen leicht, so haben wir große Schwierigkeiten mit dem Loslassen gegenüber unseren Kindern, Partnern, Freunden, unseren Vorstellungen, Plänen, Wahrheiten – die Liste lässt sich leicht verlängern. Wir machen uns gar nicht klar, wie viel Energie uns das Festhalten kostet. Aber nur wenn wir loslassen, können wir uns dem ständigen Wandel des Lebens, dem Entstehen und Vergehen, dem Kommen und Gehen anvertrauen, nur dann können wir im Fluss der Schöpfung sein.

Das Doppel-Ich

Eine authentische Lebensgeschichte

Matt Galan Abend

Hardcover, 160 Seiten – ISBN 978-3-86616-029-3

Ihrem Wesen nach sind die beiden Ebenen des Menschen unvereinbar. Eine lebenslange Zerreißprobe. Die eine Ebene will, die andere Ebene bremst. Die unbegrenzte Seele sagt z. B. ja, der begrenzte Verstand analysiert, sagt nein, morgen wieder ja und übermorgen ... Lösbar ist dieser Dauerkonflikt letztlich nur durch eine Identifikation unseres ICH mit unserer geistigen Ebene. Der Autor schildert diesen inneren Führungskampf aus der Sicht der inkarnierten Seele. In eine kleinbürgerliche Familie geboren, hat sich der Verfasser das Bewusstsein seiner ganzheitlich-göttlichen Herkunft bewahrt und sieht sein Leben aus dieser Perspektive. Die Seele hält Distanz zu ihrem „menschlichen Persönlichkeit“, beobachtet sie, kommentiert ihr Verhalten und Handeln, trickst sie aus, wird von ihr ausgetrickst, arrangiert sich mit ihr und setzt sich endlich durch, um zusammen mit ihr die Lebensaufgabe zu lösen. Sympathisch ist der trocken-schlagfertige Stil, in dem der Verfasser sein Leben beschreibt, ohne Wehleidigkeit, nüchtern, sachlich, witzig. Dieses Buch vermittelt dem Leser einen authentischen Einblick in tiefere Schichten des Menschen.

Der individuelle Weg zu Gott

Religionsübergreifend und neutral

Matt Galan Abend

Hardcover, 120 Seiten – ISBN 978-3-86616-018-7

C. G. Jung hat einmal sinngemäß gesagt, dass von einem bestimmten Punkt an alle psychischen Probleme der Menschen religiöser Natur sind. Als Psychologe und Psychotherapeut begegnet der Verfasser täglich den Sorgen, Zweifeln und Ängsten der Menschen, die, sofern sie überhaupt noch an Gott glauben, mit Gott unlösbar erscheinende Schwierigkeiten haben. Gibt es angesichts der Ungerechtigkeiten und des Elends in der Welt einen gerechten, liebenden Gott? Wie kann er zulassen, was in der Welt an Bösem geschieht? Warum gibt es überhaupt das Böse? Gibt es einen Himmel und eine Hölle? Gibt es eine Wiedergeburt? Hat es überhaupt Sinn zu beten? Wie ist Gott? Brauchen wir Fürsprache bei ihm? Dies sind Fragen, denen sich der Verfasser in seiner Praxis immer wieder gegenüber sieht. Und welche Antworten kann er den Menschen geben? Gott ist kein Tyrann, sagt er, er will uns nicht bestrafen, er hat uns nicht gekündigt, er will uns keine Furcht vor ihm und seinen unerforschlich erscheinenden Ratschlüssen einjagen, denn wir sind ja nicht getrennt von ihm, sondern in ihm.

Dein Seelenhaus

Ein direkter Weg mit der Seele zu sprechen

Peter Reiter

Hardcover, 200 Seiten – ISBN 978-3-86616-062-0

Spielerisch die eigene Seele erkunden, Vorzüge und Defizite seiner Persönlichkeit in wenigen Minuten erkennen lernen und dabei auch noch Spaß und Entdeckerfreude haben – geht das? Ja, mit der hier vorgestellten und neu entwickelten Methode von Dr. Peter Reiter ist dies einfach.
Nicht nur, dass Sie endlich wissen werden, welche Talente und Fähigkeiten in Ihnen schlummern, Sie erkennen in diesem Bild des Seelenhauses sofort, schnell und sicher ihre Defizite oder Bereiche, die der Zuwendung, Entwicklung und Heilung bedürfen. Sie verändern mit dem Umbau des Seelenhauses auch Ihre Seelenmuster und von da ausgehend auch Ihre äußere Erscheinung und Ihr Verhalten zur Mitwelt. Dies funktioniert bei Ihnen selbst wie auch bei Ihren Freunden, Kindern, Partnern oder Klienten und Patienten – eine kurze Bildmeditation genügt, um das Innere zu erfassen. Es geschieht mühelos, nur über eine entsprechende Visualisation und Absicht, denn die Lebensenergie folgt den Gedanken oder Bildern.

Heute ist ein neuer Tag

Schritt für Schritt zur inneren Freiheit

Michael Kuhn

Hardcover, 168 Seiten – ISBN 978-3-86616-065-1

„Heute ist ein neuer Tag“ will uns nicht nur über ursächliche Zusammenhänge unseres Unglücklichseins aufklären, sondern vielmehr Lösungen und praktische Strategien aufzeigen, wie wir den Kontakt zu unseren Gefühlen und Wünschen, zu unseren Stärken und Schwächen, unseren Träumen und Visionen, unseren Hoffnungen und unserem Glauben – kurz: zu unserem wahren Selbst wiederfinden. Ohne dass es ausdrücklich formuliert ist, sind die 12 Schritte der anonymen Alkoholiker die begleitende Grundströmung dieses Buches. Dem Autor ist es gelungen, in einer lebendigen, unmittelbaren, sachlichen, aber auch emotional anrührenden Sprache, die auch besonders junge Menschen anspricht, diese großen Erfahrungen auf das spirituelle Leben zu übertragen. Dabei sucht man vergeblich nach Patentrezepten, es werden einzelne Bausteine in einfachen, aufeinander aufbauenden Schritten zu einem spirituellen Lebensentwurf angeboten. Gründe, die die innere Freiheit blockieren, werden ebenso erforscht wie neue spirituelle Grundhaltungen dargestellt, die aus Demut und Dankbarkeit entstehen und schließlich zur heiteren Gelassenheit und zur inneren Freiheit führen.

Wenn es verletzt, ist es keine Liebe

Die Essenz des Bestsellers
Hörbuch mit 3 CDs – gelesen von Werner Vogel

Chuck Spezzano

Hörbuch mit 3 CDs – ISBN 978-3-86616-066-8

Die Weisheit der Liebe, die der Verfasser des Bestsellers in jahrzehntelanger Forschungsarbeit als Psychotherapeut, als weltweit bekannter Seminarleiter, als visionärer Lebenslehrer und als Begründer der „Psychology of Vision“ entdeckt und in klare Weisungen umgesetzt hat, verwandelt den Menschen und berührt sein wahres Wesen, das Liebe ist. Die wichtigsten Aussagen des Buches sind in dem Hörbuch zusammengestellt. Durch die nach jedem Abschnitt angebotenen Übungen kann das theoretisch Erkannte auch in den praktischen Alltag umgesetzt werden, dann wird das Hörbuch zu einem Wegbegleiter und Ratgeber in bedrängenden Beziehungsnöten. Eine begleitende spirituelle Musik führt noch stärker in die Tiefe und verstärkt die Wirkung der Übungen. So werden Sie Schritt für Schritt in die wichtigsten Grundprinzipien der Liebe eingeführt, reifen in Ihrer Selbsterkenntnis und können Ihre Beziehungen in Partnerschaft und Freundschaft neu ordnen, vertiefen und intensivieren.

Anders von Gott reden

Willigis Jäger

Hardcover, 120 Seiten, 21 farbige Zenbilder – ISBN 978-3-86616-061-3

Der charismatische Benediktinermönch und Zen-Meister Willigis Jäger interpretiert in seinem Buch „Anders von Gott reden“ biblische Texte, Ereignisse und Personen in einer neuen, ungewohnten Sichtweise als symbolische Darstellungen einer kosmisch-göttlichen Botschaft, die Evolution des Seins und des Lebens, den Menschen und die Natur als Manifestationen Gottes: Gott ist für ihn das Urprinzip, die Urkraft, die sich in jedem Augenblick ereignet, seine Schöpfung ist sein Tanz, der Mensch ein Tanzschritt, eine Welle im Meer des Göttlichen. Die christliche Botschaft wird erweitert und vertieft, christliche Feste wie Weihnachten, Er-scheinung des Herrn, Ostern, Maria Himmelfahrt, auch Begriffe wie „Reich Gottes“ und „Leid“ erhalten durch seine Deutung und Erklärung eine mystisch-spirituelle Dimension, werden als Möglichkeiten zur Wiedergeburt, Auferstehung und Erfahrung des Göttlichen im Menschen gesehen und dargelegt. Wer auf der Suche nach einem tieferen und ganzheitlichen Verständnis seines Christseins ist, für den ist dieses Buch eine Offenbarung. Seine Denkanstöße, seine klare, eindringliche Sprache faszinieren und überzeugen.

Die Vision vom göttlichen Menschen

Eine spirituelle Weg-Begleitung in das neue Jahrtausend

Barbara Schenkbier

Paperback, 424 Seiten, 21 ganzseitige Bilder – ISBN 978-3-928632-68-3

Prachtband: Geb., 424 Seiten, Einband Kunstleder mit Goldaufdruck, 21 ganzseitige Bilder, Zweifarbendruck – ISBN 978-3-928632-18-8

Das Buch ist ein umfassendes Standardwerk, das den Durchbruch einer neuen Evolutionsstufe im Bewusstsein des Menschen vorbereiten hilft. Aufbauend auf wissenschaftlichen Erkenntnissen und der mystischen Tradition aller Religionen führt es zu einem tieferen Wissen über das menschliche Bewusstsein, um dann den Weg zum göttlichen Menschen zu beleuchten. Alle wichtigen Schritte werden beschrieben, wesentliche Übungen aus einer neuen Sicht heraus dargestellt und die Transformationsstufe zu einem neuen Bewusstsein geschildert. Beim Lesen und Anwenden der beschriebenen Wahrheiten eröffnet sich dem Leser eine neue Sicht auf den Sinn des Lebens. Alle, die den geistigen Weg beschreiten, werden ihn besser verstehen, ihn bewusster, mutiger und konsequenter weitergehen. Das Buch ist aus der eigenen spirituellen Erfahrung der Autorin heraus geschrieben und eröffnet den Blick in eine Zukunft, die die evolutionäre Schöpferkraft selbst schaffen wird.

Das Geheimnis der richtigen Schwingung

2. Auflage

Anleitung für ein wunder-volles Leben

Jill Möbius

Hardcover, 232 Seiten – ISBN 978-3-86616-000-2

Alles, so die Autorin, ist eine Frage von Schwingung und Resonanz. Auf fundierte und leicht verständliche Weise vermittelt dieses Buch, wie das Resonanzprinzip als grundlegendes Gesetz unsere Realität, unseren Körper und unser Schicksal prägt – und wie wir dieses Wissen spielerisch nutzen können, um ein erfülltes und erfolgreiches Leben zu gestalten: Wie es wirkungsvoll gelingt, die Realität im Voraus so zu programmieren, dass sich Wünsche erfüllen und sogar Wunder möglich werden; wie man effektive, kraftvolle Wege der Selbstheilung nutzt, um Gesundheit, Jugendlichkeit und Vitalität zu steigern; wie man inneren Frieden findet und es schafft, in jeder Situation in sich selbst zu ruhen; wie man seine Schöpferkraft wirksam einsetzt, um eine friedvolle globale Zukunft mit zu erschaffen. Viele wirkungsvolle Übungen ermöglichen die direkte Umsetzung der Erkenntnisse im Alltag. Ein unterhaltsames, praxisnahes Handbuch zur Steigerung des Bewusstseins, der Lebensfreude und Lebensqualität.

Licht – Quelle des Lebens und der Liebe

Heilung und innere Harmonie mit Licht und Farben

Diethard Stelzl

Hardcover, Großformat, 336 Seiten, 119 farbige Fotos, 179 farbige Grafiken, ISBN 978-3-86616-039-2

Das vorliegende Buch des Erfolgsautors Dr. Diethard Stelzl legt überzeugend und wissenschaftlich fundiert dar, wie jedes Leben seine dynamische Energie, aber auch kosmische Informationen und Ordnungsstrukturen durch das Licht und seine Farben erhält. Es zeigt auf, wie Menschen auf diese Farben und ihre Frequenzen sowie auf farbige Gegenstände (z. B. Pflanzen, Steine, Nahrungsmittel) und unterschiedliche Lichtverhältnisse reagieren. Dieses Buch macht bewusst, dass Lichtenergie sowohl einzelne Zellen, Organe und Lebewesen als auch kosmische Bewegungen und Abläufe beeinflusst. Wissen und Heilmethoden älterer Kulturen werden mit neueren wissenschaftlichen Erkenntnissen verknüpft, damit der Leser diese nutzen kann für seine Orientierung im Alltag, um Störungen zu vermeiden, entsprechende Probleme zu lösen und ganzheitlich eine Atmosphäre des Wohlbefindens, Wohlwollens und der Heilung in sich und in seiner Umwelt zu schaffen.

Aus der Weisheit des Herzens leben

Eine praktische Anleitung für das innere Wachstum durch Liebe

Joyce und Barry Vissell

Paperback, 264 Seiten – ISBN 978-3-86616-025-5

Für viele Paare bedeutet eine Beziehung eine Welle frischverliebter Seligkeit, gefolgt von Schwierigkeiten und Enttäuschungen und schließlich einer Trennung. Mit 35 Jahren Ehe und 25 Jahren klinischer Erfahrung im Rücken haben die beiden Bestseller-Autoren Joyce und Barry Vissell Hunderten von Menschen dabei geholfen, diesen Zyklus fehlgeschlagener Beziehungen zu durchbrechen, indem sie ihnen zeigen, dass eine Beziehung eine Möglichkeit ist, als Individuum zu wachsen – sich tief nicht nur mit einem anderen Menschen zu verbinden, sondern auch mit seinem eigenen Herzen. Sie werden lernen: wie Sie einen echten Lebensgefährten finden, die wichtigsten Zutaten zu jeder Beziehung, warum so viele Leute sich vor Intimität fürchten wie Sie Eifersucht, Kritik und Beschuldigen in Wachstum verwandeln können, warum „Nein“-Sagen ein fundamentaler Schritt ist, lieben zu lernen, wie Sie eine blockierte sexuelle Beziehung heilen können und vieles mehr.

Der Weg zum Christus-Bewusstsein

Eine Landkarte für spirituelles Wachstum in die Tiefe der Seele

Jim Marion

Hardcover, 296 Seiten – ISBN 978-3-936486-27-8

Gestützt auf das Werk des bekannten Bewusstseinsforschers Ken Wilber und auf das Modell der stufenweisen Bewusstseinsentwicklung, zeichnet der Verfasser unter Berücksichtigung der neuesten Erkenntnisse auf dem Gebiet der Psychologie, aber auch des Neuen Testaments und so bedeutender christlicher Mystiker wie Teresa von Avila und Johannes vom Kreuz eine Karte, die uns Schritt für Schritt zu dem Bewusstsein hinführt, das Jesus als das Reich Gottes bezeichnete – zur höchsten Stufe der spirituellen Entwicklung des Menschen. Das Buch will zeigen, dass Jesu Lehren und auch sein Tod und seine Auferstehung uns den Weg zu diesem inneren Reich weisen sollten, und dass wir, wenn wir Christus in diesem Reich Gottes begegnen wollen, dies tun müssen, solange wir als Menschen hier auf dieser Erde leben. Ken Wilber schreibt in seinem Vorwort: „Das Buch ist eine wahrhaft inspirierende Offenbarung und ein behutsamer Führer in die tiefsten Bereiche unserer eigenen Seele.“